Hans Jürgen Heringer

— —

Namen

Quiz

Hans Jürgen Heringer

Namen

Quiz

Woher sie kommen

Was sie sagen

Bibliografische Information der Deutschen Nationalbibliothek
Die Deutsche Nationalbibliothek verzeichnet diese Publikation in
der Deutschen Nationalbibliografie; detaillierte bibliografische
Daten sind im Internet über http://dnb.dnb.de abrufbar.

Verlag und Druck:
tredition GmbH, Halenreie 40-44, 22359 Hamburg
Illustrationen: Aleksandra Djordjevic, Yamina Sehad und Autor

ISBN 978-3-347-42038-0 (Paperback)
ISBN 978-3-347-42039-7 (Hardcover)
ISBN 978-3-347-42055-7 (e-Book)

Inhalt

1. Was sagen Namen?

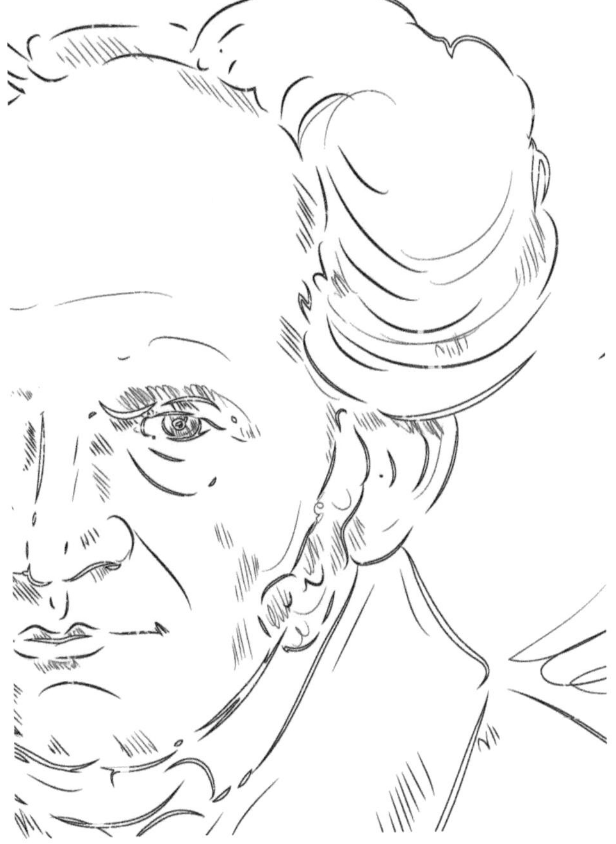

1. Arthur Schopenhauer — der große Philosoph.
Worauf geht sein Familienname zurück?
Anagramm einer alten Philosophenfamilie ☐
Handwerker, der Holztröge behaute ☐
Familie stammte aus Schopenhau ☐

2. An Vornamen das Geschlecht erkennen war
eine strenge Anforderung.
Aber Import und Export haben hier Einiges durch-
einander gebracht.
Welcher Vorname auf -a ist kein Mädchenname?
Lenka ☐
Olga ☐
Joschka ☐

3. Der Beruf war der häufigste Namengeber.
Häufig wurden auch hervorstechende
Eigenschaften verwendet.
Welcher Name ist das Kuckucksei hier? Welcher
passt von daher nicht in die Reihe?
Fischer ☐
Kaiser ☐
Schäfer ☐

4. Der Kopf war und ist wichtigster Körperteil und
auffälliger Namenlieferant: Kahlkopf, Dickkopf,
Großkopf. Da erfreute auch die Abwechslung.
Bei welchem Namen wird nicht stilistisch variiert?
Breitkopf   ☐
Breithaupt   ☐
Breitschädel   ☐

5. Du bist wie eine Blume . . . So beginnt ein
berühmtes Gedicht. Männer sollen stark und
tapfer sein, Mädchen anmutig und schön.
Welcher Mädchenname geht nicht auf eine Blume
zurück? Eher umgekehrt.
Rose   ☐
Iris   ☐
Margarete   ☐

6. Für welchen Familiennamen findest du hier
keine Variante?
Waßmuth, Freimuth, Wohlmuth, Hochmuth,
Homuth, Freymuth, Gutermuth, Wachsmuth,
Wassmuth, Wohlgemut, Wohlgemuth, Wollmuth
Hochmut   ☐
Gutermuth   ☐
Wachsmut   ☐

7. Manche Wörter sind aus Namen genommen,
weil Träger des Namens für etwas Bestimmtes
standen und bekannt wurden.
Ein gewisser Herr Boykott wurde einst wirtschaft-
lich boykottiert. Er war . . .

Engländer   ☐
Deutscher   ☐
Franzose   ☐

8. Namen nach Berufen sind am weitesten
verbreitet.
Da geht es oft auch darum, was jemand produziert
oder verkauft.
Bei welchem Namen hier spielt das keine Rolle?

Seppler   ☐
Tischler   ☐
Nüssler   ☐

9. Namen nach dem Beruf, den jemand ausübte,
sind Legion. Man erkennt das leicht.
Wenn es aber den Beruf nicht mehr gibt?
Was gab es wohl nie als Beruf?

Macher = Katzlmacher   ☐
Lasser = Aderlasser   ☐
Reiber = Bademasseur   ☐

10. Namen nach Tätigkeiten, vor allem solche, die sich wiederholten, waren üblich.
Was haben die Vorfahren dieser drei wohl gemacht: Dröscher, Drescher, Droescher?
Gedreht   ☐
Gedroschen   ☐
Gedröselt   ☐

11. Namen nach Tätigkeiten, vor allem solche, die sich wiederholen, gab es viele. Auch von Berufen.
Was gab den Vorfahren dieser drei den Namen: Wagner, Wägner, Wegner?
Wagen   ☐
Waagen   ☐
Wege   ☐

12. Typisch für Familiennamen: Sie werden vererbt.
Ehe man dieses System hatte, nannte man die Söhne nach dem Vater:
Peters Sohn wurde Petersen.
Und der Sohn von Petersen? Petersensen?
Warum reicht dieses Muster nicht weit?
Zu wenig Vornamen   ☐
War nur im Norden üblich   ☐
Gäb einen Rattenschwanz   ☐

13. Um die Identität zu bewahren, bewahren
Namen ihre Schreibung, auch über Rechtschreib-
reformen hinweg.
Welche Variante würde heute so nicht mehr
geschrieben?
Drössler   ☐
Dressler   ☐
Dreßler   ☐

14. Unter den vielen Bildungsmöglichkeiten der
Familiennamen gibt es auch die Herleitung aus
Vornamen.
In welchem dieser Familiennamen steckt kein
Vorname?
Heinzmann   ☐
Hartmann   ☐
Tillmann   ☐

15. Familiennamen wurden oft von Vornamen
hergeleitet.
In welchem dieser Familiennamen steckt kein
Vorname?
Sattler   ☐
Fritzler   ☐
Seppler   ☐

16. Verkleinerungsformen konnten vielerlei Funkti-
onen haben. Manchmal ging es um Kleinheit, dann
wieder um Nettigkeit.
Nicht immer ist die Verkleinerung noch sichtbar.
In welchem Namen steckt eine Verkleinerung?
Hölderlin   ☐
Weinstein   ☐
Heintze   ☐

17. Wagenbau war ein wichtiges Geschäft.
Darum gibt es so viele Wagner.
Aber ein Wagen hatte viele Teile und so gab es
auch viele, die beruflich damit beschäftigt waren.
Wer dieses Namens hat wenig mit Wagen zu tun?
Hufnagel   ☐
Axner   ☐
Deichsel   ☐

18. War da mal wirklich einer so? Die drei Namen
betonen einen bestimmten Bereich, nach dem
Personen bewertet werden. Um welchen geht es
bei «Kühne» und «Vorndran»?
Mut   ☐
Geschäft   ☐
Sport   ☐

19. Was die Chancengleichheit von Mann und Frau
angeht, ist es bei der Namengebung nicht so gut
bestellt.
Zu alt ist die Namentradition.
Bei welcher Entwicklung ist keine Geschlechtsum-
wandlung im Spiel?
Johannes > Hanna > Hanni   ☐
Gerhard > Gerd > Gerda   ☐
Adelheid > Heide > Heidi   ☐

20. Was könnten die Vorfahren dieser Herren
gemeinsam gehabt haben?
Doktor Hastig, Hans Schnell, Dieter Laufer
Seltene Vornamen   ☐
Hatten es mit Witzen   ☐
Waren nicht langsam   ☐

21. Welchen Namen kannst du hier nicht als
Variante finden?
Kartheiser, Kartheuser, Karthäuser, Leitheiser,
Leutheuser, Neuhauser, Neunheuser, Thanheiser,
Thanhäuser, Tanhäuser, Tannhäuser, Tonhäuser
Leutheuser   ☐
Neunheuser   ☐
Thannheiser   ☐

22. Wenn die Männer für die Namengebung her-
halten mussten, dann vor allem auch ihr Bauch.
Worin ist er nicht verwendet?
Fettleib   ☐
Schmerbauch   ☐
Knoblauch   ☐

23. Deutsche Familiennamen, die auf Y enden, sind
recht selten.
Welcher würde aber gewiss nicht dazugehören?
Pauly   ☐
Petry   ☐
Perry   ☐

24. Deutsche Familiennamen, die mit Z beginnen,
sind recht selten.
Welchen würdest du nicht dazuzählen?
Zetsche   ☐
Zlatko   ☐
Zwilling   ☐

25. Es gab immer schon nicht nur einfache Bäcker,
sondern allerhand Spezialisten, die auch in Namen
erhalten sind: Mutschler, Flader, Semler, Weckler.
Was wurde nicht vom Bäcker produziert und hat
auch keine Namen hinterlassen?
Wecken   ☐
Semmeln   ☐
Torten   ☐

26. Es gibt die ulkigsten Namen. Bei welchem
dieser Namen wird man nicht so leicht sehen, dass
es sich um einen Personennamen handelt?
Lochmann   ☐
Ofenloch   ☐
Lochner   ☐

27. Häufige Vornamen gibt es in vielen Sprachen.
Sie werden auch in einer Sprache abgewandelt.
So gehören im Deutschen Johannes, Hans,
Hannes, Hennes alle zusammen.
Wollte der Hannes eine Namenähnliche, welche
müsste er nehmen?
Janne   ☐
Heidi   ☐
Hilde   ☐

28. Hier gibt es zwei Familiennamen, die nur
vordergründig mit Sack zu tun haben:
Bonsack, Cosack, Hoppensack, Kossack.
Welches sind die anderen beiden? Womit haben
die zu tun? Es geht irgendwie um die Herkunft.

Goosen ☐
Kosaken ☐
Hoppstetten ☐

29. In Befragungen haben Eltern genannt, dass sie
Jungennamen am besten finden, die einfach und
unkompliziert sind. Was glaubst du wird bei
Mädchennamen für sehr wichtig gehalten?

Wohlklang ☐
Kürze ☐
Bedeutung ☐

30. Manche Eltern spielen wohl mit dem Wohl
ihres Kindes. Der Bundesgerichtshof lehnte es ab,
dass ein Junge zwölf Vornamen bekommen sollte.
Wie viele Vornamen sind in Deutschland
höchstens zulässig?

fünf ☐
acht ☐
drei ☐

31. Manche Namen klingen irgendwie ganz normal
und gut, sie sind aber sehr selten.
Der Name «Ochner» kommt in deutschen Telefon-
büchern weniger als 100 mal vor.
Womit könnte das zu tun haben?
Ist eine Nebenform   ☐
Ist ein fremder Name   ☐
Ist gar kein richtiger Name   ☐

32. Manche Personennamen enden auf -loch.
Aber irgendwie macht es nicht viel Sinn, darin
einen Zusammenhang mit Loch zu sehen.
Oder ist es nur verdunkelt? Vom Volksmund
geschönt? Wo könnte doch Loch drinstecken?
Bloch   ☐
Knobloch   ☐
Lochner   ☐

33. Von diesen Herren dürfte einer ziemlich laut
gewesen sein.
Einer der Namen dürfte aber verschrieben sein
und wenig mit Ochs zu tun haben. Welcher?
Baron van Ox   ☐
Peer Pröllochs   ☐
Istvan Janochs   ☐

34. Es scheint, als möchten viele gern, dass man am Vornamen das Geschlecht erkennen kann.
Was glaubst du: Wie ist es bei «Maria»?

Kann man erkennen ☐
Nicht überall ☐
Erkennt man nicht ☐

35. Familiennamen nach dem Wohngebiet stützen sich auf Hervorgehobenes.
Ein Berg in Kofler (Kofel), Hübel (Hügel), Staufenberg (Stauf).
Ein Schweizer namens Tobler hat daraus eine dicke Schokolade gemacht. Welche?

Toblerone ☐
Danone ☐
Knusperone ☐

36. Familiennamen zeigen, zu welcher Familie man gehört. Und es gibt bessere Familien, einflussreiche und welche, die wenig zu sagen haben.
Welcher Familienname ist in dieser Hinsicht der schlechteste?

von Weizsäcker ☐
Schultz ☐
Adenauer ☐

37. Hat man in Wattenscheid vielleicht Watte
produziert?
Möglich wäre diese Erklärung.
Ab wann gab es überhaupt Watte? Der Ortsname
ist älter.
Erster Baustein: ein untergegangener Vorname.
Welcher könnte das gewesen sein?
Warze   ☐
Waldo   ☐
Watto   ☐

38. Verkleinerungsformen sind Koseformen.
Bei einigen wird nicht nur -chen oder -le verwen-
det.
Manche haben ein -z:
Dietz, Götz, Heinz, Lutz, Utz.
Welcher diente nicht als Lieferant dieser
Kurzformen? Und hat wohl überhaupt keine.
Heinrich   ☐
Gottfried   ☐
Lothar   ☐

39. Verkleinerungsformen sind Koseformen.
Sie werden mit verschiedenen Endsilben gebildet:
-chen, -le, -ke, -ken, -je.
Welcher dieser drei Kurznamen wurde nicht auf
diese Weise als Koseform für Heinrich gebildet?
Heino   ☐
Heike   ☐
Heintje   ☐

40. Kosenamen verniedlichen. Das passt vielleicht
für Kinder, kann aber für Erwachsene peinlich sein.
Welchen möchte man als Mann am wenigsten
hören?
Tarzan   ☐
Würmli   ☐
Spatz   ☐

41. Kosenamen verniedlichen.
Selbst in der intimen Zweisamkeit könnte das für
Erwachsene unangenehm weden.
Welchen möchte man als Frau am liebsten nicht
hören?
Pummelfee   ☐
Sweety   ☐
Principessa   ☐

42. Nazis haben Orte im Osten systematisch um-
benannt, Elemente deutsch oder wendisch getilgt:
Wendisch-Puddiger > Puddiger,
Wendisch-Tychow > Tychow,
Deutschbuckow > Bukau,
Deutschplassow > Plassow.
Was war die Absicht?
Leichtere Aussprache   ☐
Herkunft verschleiern   ☐
Verkürzen   ☐

43. Nomen est Omen.
Der Name ist ein Vorzeichen.
Eine alte Idee, daran glaubt keiner mehr!
Oder fürchtest du dich, wenn dir Frau Teufel
vorgestellt wird?
Positiv gewendet finden wir das doch.
In welchem Namen drückt sich Hoffnung aus?
Gottlieb   ☐
Gertrud   ☐
Fiona   ☐

44. Schiffe werden getauft wie Menschen, aller-
dings eher mit Sekt als mit Wasser.
Es gibt berühmte Luxusdampfer,
die nach Menschen benannt sind, andere nach
ihrer Größe wie die Titanic.
Was soll assoziiert werden beim Namen «Serena»?
Urlaubsstimmung   ☐
Sirene   ☐
Soraya   ☐

45. Sogar auf dem Mond sind Gegenden benannt.
Das sind fast ausnahmslos gelehrte Namen und
von Forschern vergeben, die auch zeigen wollten,
dass sie Latein können.
Oder sollte es nur international sein?
Was passt nicht für den Mond?
Buffalo Rock   ☐
Mare Crisium   ☐
Mons Pico   ☐

46. Sogar Zügen geben wir Namen, obwohl wir sie
eher nach Fahrplan und nach Typ unterscheiden.
ICE, EC, Interregio sind keine Zugnamen.
Namen bekommen Züge eher aus Werbegründen.
Wo erkennt man das besonders deutlich?
Rasender Roland   ☐
Madame Curie   ☐
Braunschweig   ☐

47. Viele Spitznamen sind eher nett gedacht, vor
allem im Mamatalk, wenn die Mama in ausgestell-
ter Empathie ihr Kleines Knatterinchen,
Knuddelchen, Krümel nennt.
Was wäre liebevoll gemeint bei «Stinkerinchen»?
Schon wieder wickeln   ☐
Lieb dich, obwohl du stinkst   ☐
Wann hört das auf?   ☐

48. Weil Familiennamen geerbt oder bei der Heirat
angenommen werden, kann schon recht Ulkiges
entstehen. Welcher von diesen dreien ist da noch
am wenigsten auffällig?
Rosita Vater   ☐
Lea Mann   ☐
Horst Mutter   ☐

49. Abentheuer heißt ein Ort in meiner Heimat.
Da ist aber gar nicht so viel los.
Doch man hat den offenen Blick nach Westen.
Der Name ist verhochdeutscht.
Welche Idee ist besonders blöd?
Die güldene Abendsonne   ☐
Es ging um Ofentüren   ☐
Früher war viel zu erleben   ☐

50. Kurznamen in Zusammensetzungen werden als Wörter verwendet.
Oft sind sie abwertend:
Zeitungsfritze, Prahlhans, Heulsuse, Miesepeter.
Was soll mit Kraftmeier und mit Schlaumeier ausgedrückt werden?
Der scheint nur so   ☐
Meiert immer rum   ☐
Hat es besonders   ☐

51. Was könntest du dir als normalen Ortsnamen nicht vorstellen?
Arsloch   ☐
Fuchsloch   ☐
Wiesloch   ☐

52. Beim Genitiv von Namen gibt es Probleme:
Gehört das s zum Namen oder nicht? «Hans's
Hütte», «Inge's Imbiss», «Hardy's Gym».
Was wollen die Schreiber, auch gegen die Recht-
schreibregel, hier zeigen?
Den Namen deutlich   ☐
Rechtschreibregel erfüllen   ☐
Innovativ sein   ☐

53. Wer bekommt die meisten Seiten im
Telefonbuch?
Menschen, deren Familienname anfängt
mit N   ☐
mit S   ☐
mit Q   ☐

54. Die Anfangsbuchstaben deutscher
Familiennamen.
Welche Aussage gilt?
E > B   ☐
ST < SCH   ☐
S < ST   ☐

55. Wir Menschen schauen bei Wörtern mehr auf den Anfang als auf den Schluss.
Wahrscheinlich, weil wir öfter in Verzeichnissen suchen.
Was glaubst du:
Es fangen mehr Familiennamen an mit
X als enden mit X   ☐
S als enden mit S   ☐
J als enden mit R   ☐

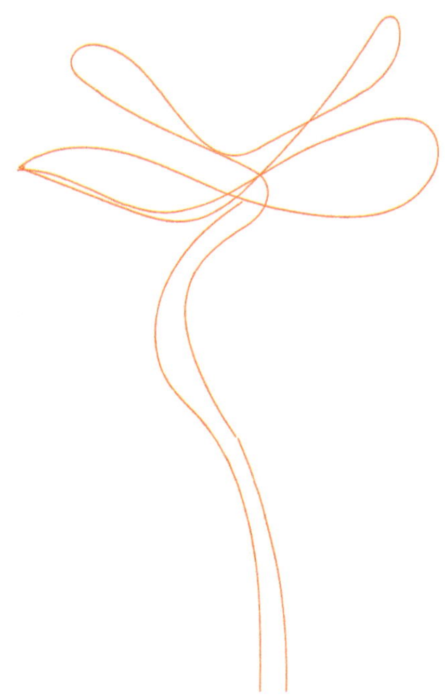

2. Was alles Namen hat und woher

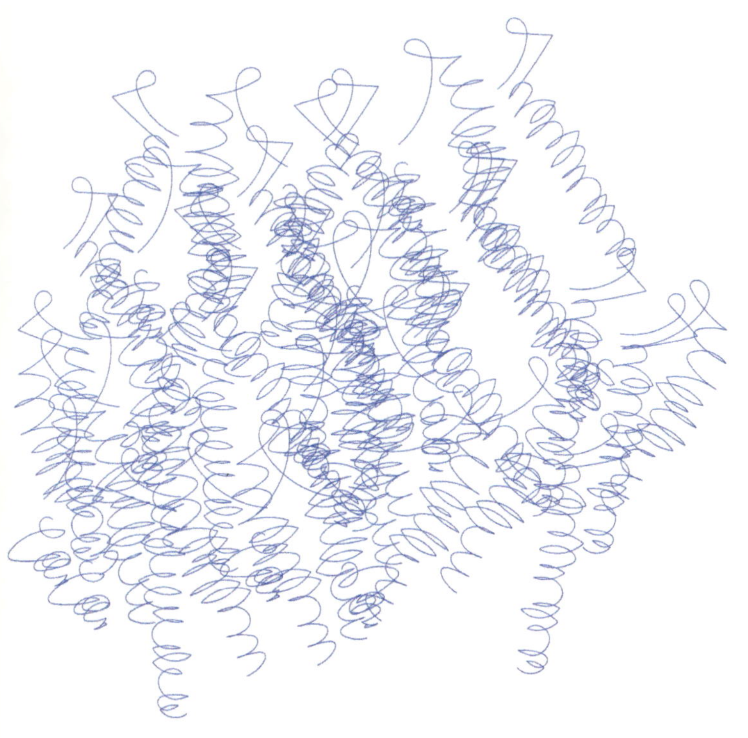

1. Autokennzeichen werden nach Ortsnamen ver-
geben. Bei diesen hier ist das anders:
LDK = Lahn-Dill-Kreis, MKK = Main-Kinzig-Kreis,
MTK = Main-Taunus-Kreis, SOK = Saale-Orla-Kreis.
Was sind das für Einheiten?

Flusseinheiten □

Verwaltungsgebiete □

Mündungsgebiete □

2. Das Besondere an Namen ist:
Sie bezeichnen Individuelles.
Außer Personen und Örtlichkeiten können das
auch Ereignisse und Vorgänge sein.
Welcher ist ein solcher Ereignisname?

Die Oktoberrevolution □

Die Bundestagswahl □

Der Championsliga-Sieg □

3. Deutsche Autokennzeichen sind Abkürzungen
aus Namen. Kleinere Orte kriegen drei Buchstaben.
Nach welchem Prinzip sind die hier gebildet?
BIN = Bingen, BIR = Birkenfeld, BIT = Bitburg

Möglichst Namenanfänge □

Möglichst ganze Wörter □

Möglichst Mitlaute □

4. Aus der Abkürzung des Kennzeichens kann man
den Namen oft erschließen.
Man braucht aber Wissen dazu:
HDL, HDH, HEI, HER, HOL, HOM, HOT.
Welcher Ort ist hier vertreten?
Heidenheim an der Brenz   ☐
Leverkusen   ☐
Hettstedt   ☐

5. Du fährst auf eine Kreuzung zu und siehst drei
Schilder vor dir: Welches der drei könnte auch auf
einen Ortsnamen hinweisen?
Altenheim   ☐
Sportplatz   ☐
Schiffsanlegestelle   ☐

6. Ein Phraseonym, was ist das nun wieder?
Manche Namen sind wie Sätze gedacht.
Sie sagen oder wünschen etwas.
Denk an das Vergissmeinnicht.
Was könnte «Gottlieb» sagen?
Gott möge dich lieben   ☐
Ach du lieber Gott   ☐
Habe Gott lieb   ☐

7. In USA gibt es etwa 1, 5 Millionen Familienna-
men, in ganz China weniger als 4000. Die Namen-
gebung muss darum auch anders geregelt sein.
In welchem Land der Welt gibt es den Namen, der
die meisten Träger benennt?
China   ☐
USA   ☐
Japan   ☐

8. Namen sind etwas Anderes als normale Wörter.
Dennoch waren viele Namen auch Wörter und
manche Wörter könnten noch heute gut Namen
sein.
Was würde sich schlecht als Vornamen eignen?
Inka   ☐
Doktor   ☐
Jasmin   ☐

9. Welcher dieser Namen ist heutzutage kein deut-
sches Wort? Du darfst die Rechtschreibung anpas-
sen. Demuth, Hochmuth, Reinmuth, Wohlgemut,
Freimuth, Unmuth
wohlgemut   ☐
Unmut   ☐
Reinmuth   ☐

10. Alle möglichen Gegenstände und Individuen
können Namen bekommen, sogar einmalige
Erscheinungen. Auf die Weise kann man weniger
umständlich von ihnen reden.
Was von diesen Dreien war kein Wirbelsturm?
El NIÑO   ☐
Katrina   ☐
Bettsy   ☐

11. Als Frankenkönig Chlodwig die Alemannen
über den Main jagte, zeigte eine Hirschkuh den
Weg durch sumpfiges Gebiet. Die Furt hieß seit-
dem die Frankenfurt und heute Frankfurt.
Bei welchem Stadtnamen spielt Furt keine Rolle?
Schweinfurt   ☐
Furtwangen   ☐
Großkurt   ☐

12. Die Donau ist der längste Fluss Europas. Sie
kommt durch viele Länder. Je nach dem, wo wir
sind, hat sie einen anderen Namen.
Welchen Namen hat sie nirgends?
Duna   ☐
Drau   ☐
Dunaj   ☐

13. Die Größe eines Ortes kann für die Differenzie-
rung genutzt werden. Das klingt in verschiedenen
Regionen verschieden:
Oberdeutsch vs. Niederdeutsch:
groß – groot, lützel – lütje.
Welcher Name passt eher nicht hierher?
Lüttow   ☐
Lüttensee   ☐
Lützelbach   ☐

14. Die Hitliste der Vornamen ändert sich schneller
bei Mädchennamen als bei Jungennamen. Wieso?
Frauen sowieso modischer   ☐
Es gibt mehr Auswahl   ☐
Mütter bestimmen   ☐

15. Die Namen von Fußballvereinen enthalten oft
Abkürzungen: Hamburger SV, SpVgg. Unter-
haching.
Die Abkürzungen sind nicht immer eindeutig,
werden aber doch ausbuchstabiert. Was kürzt
«SpVgg.» ab?
Spielvereinigung   ☐
Sportvereinigung   ☐
Spielverein   ☐

16. Die Schreibung eines Namens war oft ein Prob-
lem. Nicht nur, weil so wenig Leute schreiben
konnten, sondern auch, weil es keine Festlegung
gab.
Was für ein Problem hat man, wenn man den
Namen «Meier» hört und schreiben soll?
Mit ai oder ei oder ay?   ☐
Welcher ist gemeint?   ☐
Man braucht einen Duden   ☐

17. Die Vornamen von Frauen sind im Durchschnitt
etwas länger als die von Männern.
Worauf könnte das zurückzuführen sein?
Lassen sich mehr Zeit   ☐
Vornamen oft abgeleitet   ☐
Sind wichtiger   ☐

18. Doppelnamen oder auch x-fach-Namen
können zusammenwachsen. Man sieht nicht mehr
auf den ersten Blick, dass es sich um zwei Namen
handelt.
Welcher dieser Namen ist aus zweien entstanden?
Christopher   ☐
Hannelore   ☐
Bernadette   ☐

19. Doppelnamen oder auch x-fach-Namen sollen
Träger genauer voneinander unterscheiden.
Welcher zweite Namen passt besonders gut zu
«Marie», welcher wird am häufigsten kombiniert?
Therese   ☐
Inge   ☐
Mia   ☐

20. Autokennzeichen sind Abkürzungen aus Orts-
namen. Aus der Abkürzung kann man den Namen
ganz gut erschließen.
Man braucht aber ein bisschen Wissen.
Wie könnte das Kürzel lauten für Salzwedel?
SAB   ☐
SAW   ☐
SAD   ☐

21. Fixpunkte waren wichtig für Ortsnamen.
Ein hoher Fels, früher Stein genannt, war da will-
kommen: Arnstein, Beilstein, Bärenstein, Oberstein.
Wieso aber gibt es so viele Neustadt in Deutsch-
land? Was spielte da wohl keine Rolle?
Variabler Fixpunkt   ☐
Viele Neugründungen   ☐
Viele Namen mit N   ☐

22. Flüsse verbinden Land und Leute.
Der Name eines Flusses kann in seinem Lauf abge-
wandelt werden. Er muss ja in die Sprache passen.
Wozu wird die Donau in ihrem Verlauf?
Duna   ☐
Drawe   ☐
Danu   ☐

23. Flüsse waren immer wichtig, weil wichtige
Verkehrsadern.
Wo der Aschaff in den Main mündet, gab es eine
Befestigung. Daraus wurde Aschaffenburg.
Welche dieser Städte wurde nicht nach einem
Fluss benannt?
Donauwörth   ☐
Rheinfelden   ☐
München   ☐

24. Flussnamen sind über Europa verstreut,
kommen ähnlich in vielen Ländern vor.
So ändert sich der Name.
Wozu wird die Drau in ihrem Verlauf nicht?
Duna   ☐
Drawe   ☐
Dravka   ☐

25. Haben Autos Namen? Ja, Leute geben ihren Autos Namen: Dickie oder Flitz. Doch die meisten haben leider keinen.
Und BMW – ist das kein Name? Ja, doch, aber nicht der eines Autos, sondern . . .

bloß Abkürzung ☐
der Name einer Firma ☐
ein Gebäudename ☐

26. Ländernamen sind nach verschiedenen Prinzipien gebildet. Man sieht nicht immer gleich, was drinsteckt. Besonders, wenn sie im Ausland gar nicht ihren Originalnamen tragen.
Was könnte in «England» stecken?

Engel ☐
Volksstamm der Angeln ☐
Meerenge ☐

27. Namen auf -heim sind sehr häufig in Deutschland. Sie wurden auch abgewandelt, verschliffen und verkürzt.
In welchem dieser drei steckt ein -heim:

Cochem ☐
Bockenem ☐
Salem ☐

28. Ortsnamen entstanden nach Klöstern.
Denn Klöster waren oft die ersten Ansiedlungen in
einem Gebiet. Welcher Ort wurde eher nicht nach
einem Kloster benannt?
Himmelpfort   ☐
Gnadenthal   ☐
Höllental   ☐

29. Patronymikon = Vatername.
Muttername = Matronymikon.
Gestandene Frauen dienten auch als Namengeber.
Was ist hier kein Matronymikon?
Sörensen   ☐
Agnesen   ☐
Elsensohn   ☐

30. Rufnamen sollten kurz sein. Aber Namen
sollten auch die Träger unterscheiden.
Da helfen Doppelnamen oder auch x-fach-Namen.
Welcher zweite Name passt besonders gut zu
«Hans», also welcher wird am häufigsten kombi-
niert?
Joachim   ☐
Berthold   ☐
Xaver   ☐

31. Schreibvarianten (und früher Sprechvarianten) zählen heute als eigene Namen, so «Schmitt», «Smitt», «Schmied» und so weiter.
Welcher dieser drei gehört nicht als Variante zu den anderen?
Schuler   ☐
Schultz   ☐
Schultheiß   ☐

32. Schreibvarianten werden zu eigenen Namen. So sind «Maier», «Mayr», «Meier» und so weiter verschiedene Namen.
Welcher dieser drei gehört nicht als Variante dazu?
Wehner   ☐
Wagner   ☐
Wimmer   ☐

33. Städte wie Burgen boten den Menschen Schutz. In Burg steckt Geborgenheit. So gibt es auch viele Städte auf -hut.
Womit hat das wohl zu tun?
Mit Hut   ☐
Mit hüten   ☐
Mit Hütte   ☐

34. Viele Namen kommen wechselweise als Vorname und als Familienname vor. Auch, weil viele Familiennamen aus Vornamen entstanden sind.
In einer Namenliste zeigt ein Komma die Reihenfolge FN, VN oder umgekehrt.
Wo wäre das dann eher nicht nötig?
Georg Albert   □
Fritz Hoppenkamps   □
Loidl, Vreni   □

35. Weit verbreitet waren Heinrich und Konrad, das früher auch Kuonrad lautete.
Wer wie von Lieschen Müller vom gemeinen Mann sprechen will, verwendet eine Formel aus Namen.
Welche wurde von diesen Namen abgeleitet?
Hans und Franz   □
Hinz und Kunz   □
Krethi und Plethi   □

36. Wenn du heutzutage eine Stadt an der Mündung der Dussel gründen würdest, wie würdest du die vorsichtigerweise benennen?
Dusseldorf   □
Düsseldorf   □
Duseldorf   □

37. Wie andere Städte mit –furt liegt auch Erfurt
(ursprünglich Gerfurt, dann Herfurt) an einem
Fluss. In jener Zeit gab es wenig Brücken.
Sie waren teuer und durch Hochwasser gefährdet.
An welchem Fluss liegt Erfurt?
An der Gera ☐
Am Glan ☐
An der Hera ☐

38. Wollte man Ortsnamen differenzieren, dann
bot sich die Größe an, besonders wenn sie nahe
beieinander lagen: Kleinfischlingen, Kleinfurra,
Kleinkarlbach, Großbockedra, Großenhain.
Wo scheint das etwas widersprüchlich?
Kleinlangenfeld ☐
Großenkneten ☐
Großbreitenbach ☐

39. Wozu wird der Kurzname «Tina» eher nicht
gehören?
Bettina ☐
Martina ☐
Katharina ☐

40. Ach ist der alte Name für Fluss.
Es gibt heute noch «die Ache». Es ist auch ein
häufiger Baustein in Flussnamen.
In welchem Flussnamen kannst du auch den Rest
noch gut erkennen?
Haslach   ☐
Salzach   ☐
Harlach   ☐

41. Alle Ortsnamen auf –ville klingen eher auslän-
disch. Eltville hieß im 9. Jahrhundert Alta Villa.
Was wird da wohl «Alta» nicht bedeutet haben?
Alt   ☐
Hoch   ☐
Oberstadt   ☐

42. Autokennzeichen zeigen Ortsnamen.
Diese hier aber nicht: LDK = Lahn-Dill-X, MKK =
Main-Kinzig-X, MTK = Main-Taunus-X,
 SOK = Saale-Orla-X.
Wenn X = K, wofür steht K dann? Was wird da
benannt?
Stadt   ☐
Fluss   ☐
Kreis   ☐

43. Der kleine Ort Lauenstein wurde durch die Sprecher langsam degradiert. Was das mit dem «lau» soll, weiß keiner. Im Stadtwappen finden wir noch einen Löwen aus besseren Zeiten.
Wie könnte er unverstümmelt geheißen haben?
Lehnstein   ☐
Levenstein   ☐
Lahnstein   ☐

44. Der Name Gießen hat mit Fluss zu tun:
zu den Gießen = zu den Flüssen.
In welchem Ortsnamen kommt das Wort noch vor? Denk an die Wortformen: gieße – goss.
Gossensaß   ☐
Günzburg   ☐
Gossen   ☐

45. Deutsche Namen wurden früh nach Italien exportiert: Umberto, Enrico, Orlando. Sie klingen so italienisch, dass es den meisten Italienern nicht bewusst ist.
Welcher hier ist gewiss nicht deutschen Urprungs?
Giovanni   ☐
Rinaldo   ☐
Garibaldo   ☐

46. Die Stadt Wiesensteig scheint keine Rätsel
aufzugeben. Ein Steig = ein Pfad in den Wiesen,
etwa ein Wildsteig.
Aber Schreibungen werden schnell verändert.
Eine frühere Form war Wisensteig.
Was könnte drinstecken?

Wisent   ☐
Wiesenente   ☐
Wies-Ente   ☐

47. Eiterfeld. Igitt, wer möchte da schon leben?
Aber zur Erholung gibt es ein «rasch dahin eilen-
des Wasser». Den Namen lieferte . . .

Das Flüsschen Eitra   ☐
Die gelbe Farbe   ☐
Ein nahes Krankenhaus   ☐

48. Flieger sagen wir für Flugzeuge und für Piloten.
Aber sollte es in der Zeit der Namengebung im
späten Mittelalter einen Horst Flieger gegeben
haben? Nein.
»Flieger» ist eine Umformung aus . . .

Pfleger   ☐
Pflüger   ☐
Pflücker   ☐

49. Flussnamen als magische Laterne der Ge-
schichte. Sie sind oft uralt und über ganz Europa
verstreut. Ein solcher Fluss ist die Isar. Auch als
Eisack = Isarco.
In welcher Form gibt es das in Frankreich?
Isère   ☐
Seine   ☐
Iselle   ☐

50. Im Schwabenland gibt es den Fluss (und den
Ort) Urach. Darin steckt des alte Wort Ach für
Fluss. Und der Rest in Ur-ach?
Ein Ur war die Urform von Auerochsen.
Ereignisname? Da hat vielleicht einer . . .
einen Auerochsen erlegt   ☐
Auerochsen gezüchtet   ☐
seine Uhr verloren   ☐

51. In Koblenz gibt es das Deutsche Eck.
Auf ihm steht ein Standbild des Kaisers Wilhelm.
37 Meter hoch.
Es ist die Stelle wo . . .
die Mosel im Rhein mündet   ☐
Deutschland gegründet ward   ☐
es Nazi-Aufmärsche gab   ☐

52. In Ortsnamen ist Uraltes erhalten. Keltische
Wortbausteine sind -briga, -magus, -dunum.
Sie wurden bis zur Unkenntlichkeit geändert:
Lyon hieß Logodunum.
In welchem Namen ist noch etwas zu erkennen?
Lopodunum = Ladenburg ☐
Remagen   ☐
Bregenz   ☐

53. In Passau liegt das Hotel Schloss Ort, auf der
Landspitze, wo Donau und Inn zusammenfließen.
Die Stelle heißt offiziell: Im Ort.
Das alte Wort «ort» bezeichnete die scharfe Spitze
eines Schwertes.
Was war der Grund für die Benennung?
Jeder Ort ist ein Ort   ☐
Die Form des Gebiets   ☐
Schloss = ruhiger Ort   ☐

54. Köln war, neben Trier und Augsburg, schon zu
Römerzeiten Großstadt. Eine römische Kolonie.
Worauf könnte der Name zurückgehen?
Colonia   ☐
Kolumne   ☐
Kellner   ☐

55. Menschen haben ihren Namen nach Ereignissen bekommen. Das versuchen Eltern auch heute noch. Im Ausland wurde ein Mädchen «Oceania» getauft, weil es auf See geboren wurde.
Wo wurde Barabara Lufthansa Fuchs geboren?

Im Flieger □
Im Bus □
Im Krankenhaus □

56. Namen werden wie Waren importiert. Viele fremde oder fremd klingende Namen sind besonders attraktiv, selbst wenn sie dann anders ausgesprochen werden.
Wo macht die Betonung Schwierigkeiten?

PamEla □
Christine □
AngEla □

57. Orte mit gleichem Namen musste man differenzieren: Windischholzhausen, Bayrischzell, Deutschneudorf, Dänischenhagen, Wendischbaselitz.
Welches gehört nicht hierher?

Fränkisch-Crumbach □
Garmisch-Partenkirchen □
Windischeschenbach □

58. Seit Menschengedenken haben Deutsche
Namen importiert.
Zu bestimmten Zeiten richtete sich ihr Blick nach
bestimmten Ländern.
Woher kommen wohl «Knut», «Sven», «Ingrid»?
Skandinavien   ☐
Italien   ☐
England   ☐

59. Straßennamen enden meist auf -straße, -weg
oder -gasse.
In welchem Straßennamen kommt keine dieser
Bildungsweisen vor?
Kirchgessle   ☐
Kudamm   ☐
Grotestraat   ☐

60. Tolle Berufe könnte es früher gegeben haben.
Würdest du nicht gern so etwas machen wie
Gerhard Schwerdtfeger?
Was hat er aber gemacht? Was bedeutete «fegen»
vor Zeiten?
wischen   ☐
Blut entfernen   ☐
feilen   ☐

61. Vornamen werden öfter als abwertende Be-
zeichnungen für Völker oder Nationen verwendet.
Welche dieser Bezeichnungen basiert auf einem
Vornamen und war für Russen üblich?
Der Russki   ☐
Der Tommi   ☐
Der Ivan   ☐

62. Zusammenflüsse waren Verkehrsadern.
Koblenz war ein römisches Kastell, wo Mosel und
Rhein zusammenfließen. Die Römer nannten es
Confluentes.
Das bedeutete . . .
Zusammenfluss   ☐
Mündung   ☐
Zuflüsse   ☐

63. Anders als Personennamen auf –mund ist es
bei Ortsnamen an Flüssen und Flüsschen:
Gmunden, Neckargemünd, Saargemünd
(französisiert: Sarreguemines). Denkst du, der Fluss
münde dort? Für welchen Ort trifft das zu?
Neckargemünd   ☐
Saargemünd   ☐
Travemünde   ☐

64. Deutschlands Osten war lange slawisch.
Darum gibt es so viele slawische Ortsnamen.
Viele erkennt man an der Endung -witz.
Welche Stadt gehört nicht dazu?
Gleiwitz   ☐
Chemnitz   ☐
Bennewitz   ☐

65. Manche Städte haben im Dialekt einen
besonderen Namen.
Dazu gehört auch München.
Wie heißt München auf Bairisch?
Minche   ☐
Mingga   ☐
Mensche   ☐

66. Städte werden oft zusätzlich zu ihrem Normal-
namen nach neuen Charakteristika benannt.
Wofür wird eigentlich Mainhattan gesagt?
Berlin   ☐
Frankfurt   ☐
Köln   ☐

67. Unweit des Neckar gibt es das Affaltertal mit
dem Affalterbach und dem Ort Affalter.
Der Bach hat seinen Namen von den Bäumen, die
da wuchsen. Ging es um . . .

aful = Apfel?	☐
Affen alt?	☐
Asfalt?	☐

68. Viel mehr Bäcker heißen Becker, als nach dem
Zufallsprinzip zu erwarten wäre.
Auch vielmehr Metzger heißen Fleischer.
Ein Wunder der Magie? Da mag mancherlei wir-
ken. Was wirkt eher nicht?

Geschäft vererbt	☐
Namenzauber	☐
Name verpflichtet	☐

69. Viele Flüsse werden mit dem die-Artikel
versehen.
Sie sind sozusagen weiblich wie die Donau, die
Saale.
Woher kommt das? Sie wurden . . .

wie eine Göttin verehrt	☐
von Nixen bewohnt	☐
für Menschen gehalten	☐

70. Namenimport funktioniert wunderbar seit
Menschengedenken.
Deutsche haben weltweit importiert.
Woher kommen wohl «Daisy», «Lizzi», «Ronny»,
die durch ihren netten Klang begeistern?
Spanien   ☐
Italien   ☐
USA   ☐

71. Nicht zu jeder Zeit und überall wurden
Vornamen neu gebildet.
Wie bei Wörtern war der Import ganz wichtig.
Woher wurden diese Vornamen wohl importiert:
Björn, Ole, Jens?
Skandinavien   ☐
Italien   ☐
Griechenland   ☐

72. Vornamenimport hat die Namenwelt immer
bereichert. Woher wurden diese Vornamen wohl
importiert: Olga, Nadja, Raissa?
England   ☐
Italien   ☐
Russland   ☐

73. Vornamen musste man nicht ständig neu erfin-
den. Ganz einfach war der Import.
Woher wurden diese Vornamen wohl importiert:
Viola, Lucia, Marina?
England   ☐
Italien   ☐
Russland   ☐

74. Ganz wie bei Wörtern war bei Vornamen der
Import ganz wichtig und attraktiv.
Woher wurden diese Vornamen wohl importiert:
Yves, Yvonne, Jeanette?
England   ☐
Frankreich   ☐
Russland   ☐

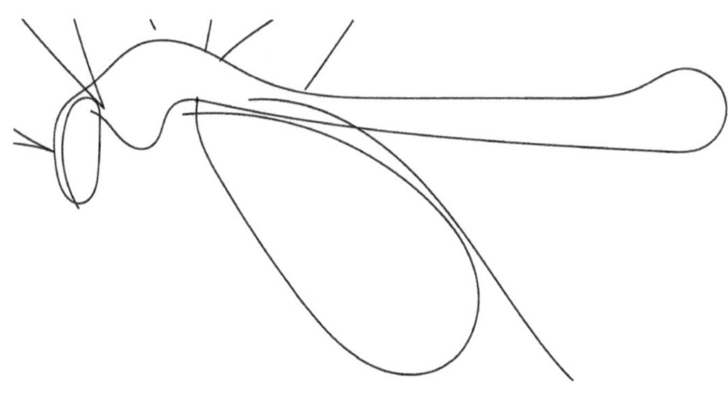

3. Beim richtigen Namen

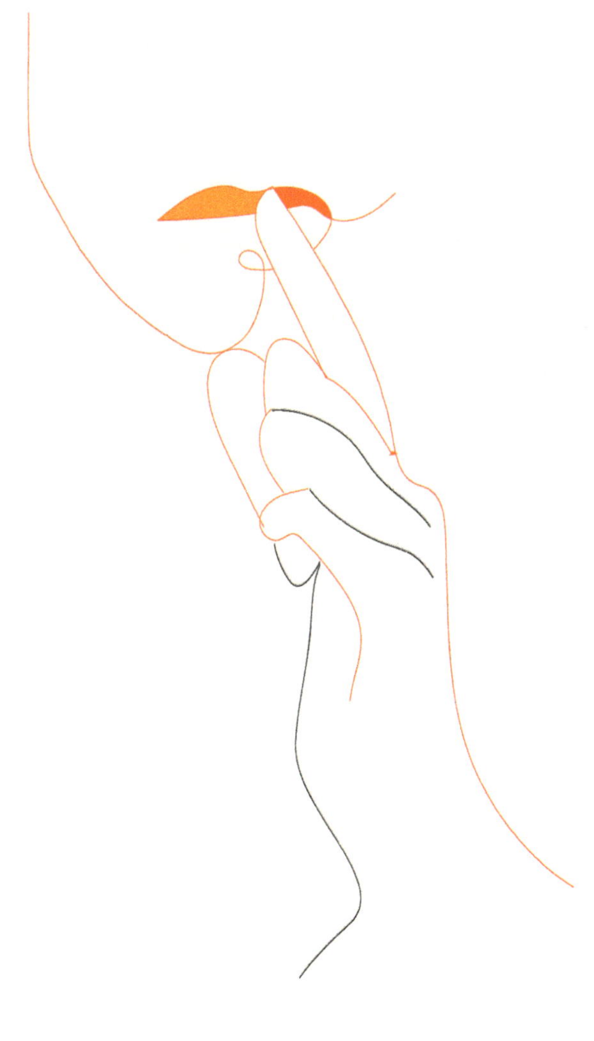

1. Er macht seinem Namen alle Ehre, sagt man,
wenn die aufgetaute Bedeutung des Namens
irgendwie stimmt.
Was passt in diesem Sinn, wenn Herr Fleischer . . .
Bäcker ist   ☐
Metzger ist   ☐
Müller ist   ☐

2. Gern werden nach dem Vornamen Mädchen
und Jungen unterschieden. Da funkt aber oft der
Import aus anderen Sprachen dazwischen.
Bei einem hier weiß man nicht genau:
Mann oder Frau? Bei welchem?
Nela   ☐
Sascha   ☐
Jana   ☐

3. Für Vornamen, die sich gut rufen, genügen
schon mal drei Buchstaben. Ortsnamen brauchen
eher vier. Nur die kürzesten begnügen sich mit
zwei: Au. Es gibt auch lange: Norderfriedrichskoog.
Ganz lange haben . . .
10 Buchstaben   ☐
12 Buchstaben   ☐
Mehr als 12 Buchstaben   ☐

4. In alter Zeit hieß das Wort «munt» so viel wie
Schutz. Wir haben es heute noch in «Mündel» =
das Schutzbefohlene.
In welchem Namen kann man die alte Bedeutung
noch erkennen?
Calmund   ☐
Siegmund   ☐
Redemund   ☐

5. Namenverbesserung! Wer hätte nicht gern
einen attraktiven Namen? Einer allein kann dafür
nicht sorgen, aber über Jahrhunderte geht das
schon.
Viele Namen auf -win wurden zu Wein-Namen.
Wo erkennt man das noch?
Sauerwein   ☐
Klarwein   ☐
Ortwein   ☐

6. Saxonia Münster, Alemannia Aachen, Bayern
München.
Was ist diesen Vereinsnamen nicht gemeinsam?
Enden auf -a   ☐
Deutsche Stämme   ☐
Nationalistisch   ☐

7. Schiffe werden getauft wie Menschen, allerdings
eher mit Sekt als mit Wasser.
Wie könntest du ein Piratenschiff nennen, wenn
die eine gruselige Geschichte schreiben würdest?
Sturmwind   ☐
Schwarze Zora   ☐
Andrea Doria   ☐

8. Viele Namen haben Hand und Fuß:
Dollfuß, Hinkfuß, Hinkfoth, Krummbein.
Ob sie mitleidend oder diskriminierend gedacht
waren, weiß man nicht.
Wer auf Holzkrücken daherkam, war . . .
der Knipfer   ☐
der Knapper   ☐
der Stelzer   ☐

9. Wenn Namen gekürzt werden, geht etwas ver-
loren.
In «Gerd» kann man nicht mehr sehen, dass wie in
«Gerhard» das alte Wort «Ger» für Speer steckt.
Was könnte der Name früher bedeutet haben?
Stark mit dem Speer   ☐
Hart wie ein Speer   ☐
Hat einen Speer   ☐

10. Allgemein denkt man, Frauen hätten selten
Familiennamen geliefert.
Das stimmt nicht.
Es gibt Hunderte von Gegenbeispielen.
Welche Gleichung geht aber nicht auf?
Gertrude = Drude   ☐
Kunigunde = Küneke   ☐
Rosa = Rosine   ☐

11. An der Form des Namens kann man öfter das
Geschlecht des Trägers erkennen.
Welcher zeigt das Geschlecht hier am besten?
Lena   ☐
Billy   ☐
Alice   ☐

12. Auf den ersten Blick erkennt man in Varianten
nicht immer den ursprünglichen Namen.
Noch recht gut bei Nikolaus: Klaus, Nico, Niklas.
Was ist aber hier der Ursprung:
Mette, Mettke, Meckel, Metz, Meteken?
Mathilde   ☐
Mechthild   ☐
Martha   ☐

13. Auffälligkeiten waren für die Namengebung immer wichtig.
Worum ging es bei den folgenden Ortsnamen: Greifswald, Delmenhorst, Oldesloe, Gütersloh, Borkwalde?
Um Holz   □
Um Viehzucht   □
Um Berufe   □

14. Bei vielen Namen in fremden Sprachen weiß man nicht: Was ist der Vorname, was Nachname. Das gibt es auch im Deutschen.
Wo ist man ziemlich sicher, welches der Vorname ist?
Franz Wolf   □
Fritz Pfahls   □
Fritz Heinz   □

15. Die Schreibung kann manchmal den Zusammenhang verdunkeln. Wie wäre die Rechtschreibung zu verbessern bei Hageloch.
Wofür könnte der Ortsname stehen?
Hegeloch   □
Hagelloch   □
Hackeloch   □

16. Ein richtig deutscher Name:
Wäre das einer, in dem man Bestandteile erkennen
kann, die richtig alte deutsche Wörter sind?
Aber wer kann sie erkennen?
Welche Bestandteile stecken in «Volker»?
Heer ☐
Herr ☐
Kehr ☐

17. Häufige Namen taugten nicht mehr so recht
zur Unterscheidung. Darum hat man sie kombi-
niert, oft in einer Zusammensetzung.
Darum gibt es so viele Ableger wie «Drögemeier».
Wie viel wird es davon wohl geben?
Über 3000 ☐
Etwa 1500 ☐
Einhundert ☐

18. Hieronymus ist super häufig, aber nicht in der
Langform. Es gibt so viele Varianten:
Cronimus, Schröm, Grummes, Sinemus, Rones.
Welches Prinzip wirkte in den Varianten Mussel,
Müßle, Grondl?
Verkleinerung ☐
Vermischung ☐
Vermengung ☐

19. Spitznamen gehen öfter zurück auf die frühe
Kindheit, wenn das Kind seinen Namen noch nicht
vollständig beherrscht, ihn verkürzt oder verkind-
licht, etwa für Patrizia sagt Pappizza oder Pizzala.
Welchen könnte Patrizia noch kreiert haben?
Pitt   □
Palle   □
Trizi   □

20. Vornamen soll man rufen können. Darum
sollten sie kurz sein. Sollen aber auch unterschei-
den. Dazu braucht es eine gewisse Länge.
Welche Folge aus zwei Buchstaben ist tatsächlich
ein Vorname? Und nicht eine Abkürzung!
Bo   □
Lu   □
Jo   □

21. Augsburg ist neben Trier die älteste Stadt auf
deutschem Boden. Beide schon bei den Römern.
Aber erst im 9. Jahrhundert kommt der heutige
Name auf. Zuerst als Augustburg.
Wonach könnte es benannt sein? Nach . . .
einem römischen Kaiser   □
dem Monat der Gründung   □
der Menge von Clowns   □

22. Bei der Vergabe des Namens Barbara stand die
Heilige Barbara Pate. Ihr Name war weithin beliebt
und ergab eine Menge Kurzformen:
Bebi, Bibi, Bärbi, Barbi, Bärwe.
Man hört bei manchen die Region.
Hörst du's bei Bärbeli?
Schweiz   ☐
Norddeutschland   ☐
Sachsen   ☐

23. Bei Licht besehen klingt Darmstadt etwas ei-
genartig. Aber der erste Baustein war ein
Vorname. Welcher könnte das gewesen sein?
Tipp! Es gibt ihn heute nicht mehr.
Darmol   ☐
Darmunt   ☐
Dassel   ☐

24. Bekannt ist, dass Berufe in deutschen Regionen
unterschiedlich hießen: Hier Flaschner,
da Klempner oder Pfister und Bäcker.
Auch in den Namen spiegelt sich diese Verteilung.
Welchen gibt es im Süden am häufigsten?
Schlachter   ☐
Fleischer   ☐
Metzger   ☐

25. Der Familienname «Mischo» kommt sehr selten vor.
Wir finden ihn vor allem im Westen Deutschlands.
Wie könnte das kommen? Er könnte aus dem Französischen kommen.

Entstellt aus Monsieur ☐
Kein richtiger Name ☐
Michaut ☐

26. Die Herkunftsregion gab eine Unterscheidung her.
Wer von diesen Menschen könnte sintemalen aus der Pfalz gekommen sein?

Günter Patzer ☐
Frau Pelzer ☐
Herr Faller ☐

27. Die Namen Jacqueline Ball, Noel Goetz, Jean Muller sind irgendwie auffällig.
Sie sind deutsch und wieder nicht ganz deutsch.
Was denkst du:
Wo kommen diese Namen vor?

In Baden ☐
In Franken ☐
Im Elsass ☐

28. Die Nazigrößen dienten als Vorbilder für Na-
mengebung. Adolf war damals nicht der häufigste
Vorname, weil Hitler es nicht so gern gesehen
hätte. Der häufigste war Horst.
Der Name war in wegen der Idealisierung von . . .
Horst Wessel   ☐
Horst Strub   ☐
Horst Mahler   ☐

29. Drafi Deutscher bekam diesen Namen nach der
Geburt. Beide Namen passen schlecht zusammen.
Der Papa war Ungar, mit Vornamen Drafi. Die
Mama hieß Lehmann.
Wie kam er wohl kaum zu seinem Familiennamen?
Selbst gewählt   ☐
Von der Mutter   ☐
Vom Standesbeamten   ☐

30. Frauen sind in der Namengebung nicht domi-
nant. Das hängt auch mit dem Erbrecht zusam-
men. Aber dennoch gibt es Familiennamen aus
weiblichen Vornamen wie Gräter und Greter zu
Margarethe. Wozu könnte denn Jüttner gehören?
Jule   ☐
Uta   ☐
Jutta   ☐

31. Für die Vergabe von Familiennamen gab es in Europa schon mal ähnliche Verfahren.
Den Namen Lohmann, Holzer, Bosch, Bosco, Bosque, Busco, Selva, Erdös ist etwas gemeinsam.
Die Menschen wohnten . . .
am Wald   ☐
am See   ☐
am Berg   ☐

32. Fußballmannschaften haben oft irgendwelche Zahlen in ihrem Namen.
Worum geht es bei Schalke 04, bei München 1860, Hammerthaler SV 1891?
Gründungsjahr   ☐
Anzahl der Mitglieder   ☐
Tabellenplatz   ☐

33. Häufige Namen taugten nicht mehr so recht zur Unterscheidung. Darum hat mit sie kombiniert. Und deshalb gibt es so viele Kombinationen mit «Meier».
Welcher Meier stammt eher nicht aus Süddeutschland?
Lütkemeier   ☐
Bichlmeier   ☐
Ganslmeier   ☐

34. Herrscher und andere tolle Leute sind Namen-
spender. Sie dürfen auch Städte gründen.
Die Ludwigs waren da sehr produktiv:
Ludwigsau, Ludwigsburg. War das immer der
Gleiche?
Ludwigshafen am Rhein war der Hafen . . .
Ludwigs von Bayern   ☐
Ludwigs XIV.   ☐
Ludovicus Rex   ☐

35. Hornaff! Diese Spezies gibt es nicht. Also ist
wohl Übertragung im Spiel. Es ging vermutlich um
einen, der Hörnchengebäck herstellte.
Wie heißt dieses Benennungsverfahren?
Produkt für Mensch   ☐
Tier für Mensch   ☐
Teil für Ganzes   ☐

36. Kulturelle Beziehungen fördern den Namenim-
port. Sei es die Literatur, seien es berühmte Leute
wie Wissenschaftler oder Sportler.
Welcher kommt nicht ursprünglich aus Russland?
Olga   ☐
Nadja   ☐
Rosa   ☐

37. Kürzungen von Vornamen gehen oft auf die
kindliche Aussprache des Trägers zurück:
Brigitte > Bibi, Joseph > Pepi.
Was könnte eine solche Lallform für Christine sein?
Didi   ☐
Titti   ☐
Tilly   ☐

38. Lange nicht alle Dinge haben Namen.
Aber für wichtige brauchen wir Namen. Fußball-
vereine haben schon mal Kraftnamen bekommen.
Welcher Verein ist jetzt noch im Profifußball?
Energie Cottbus   ☐
Energie Berlin   ☐
Dynamo Cottbus   ☐

39. Mit Namen wollte man Menschen eindeutig
identifizieren. Wenn aber die Familie größer
wurde, gab es mehr Träger des Namens.
Erst recht, wenn die Menschen umzogen.
Trotzdem sind viele regional geblieben.
Wo könnte «Bekel» hingehören?
In den Norden ☐
In den Süden   ☐
In den Westen   ☐

40. Namen bleiben nicht landesgebunden.
Sie wandern mit den Menschen, sie wandern über
Menschen. Viele fremde oder fremd klingende
Namen sind besonders attraktiv.
Wann kam wohl die «Marina»-Welle zu uns?
Im 15. Jahrhundert   ☐
Im 17. Jahrhundert   ☐
Im 20. Jahrhundert   ☐

41. Oft wurden Namen nur einmal vergeben.
Wenn dann aber die Familie größer wurde, gab es
mehr Träger des Namens und der Name hat sich
verbreitet. Trotzdem sind viele regional geblieben.
Wo könnte «Brugger» hingehören?
In den Norden   ☐
In den Süden   ☐
In den Westen   ☐

42. Viele Familiennamen enden auf «-er».
Manche haben früher die Herkunft des Trägers
angegeben, andere den Beruf.
Welcher von diesen ist eher ein Herkunftsname?
Schleizer   ☐
Schuster   ☐
Hendler   ☐

43. Viele Ortsnamen haben als ersten Bestandteil
den Vornamen des ursprünglichen Besitzers:
Uelzen mit Uli, Quedlinburg mit Quitilo.
In welchem Ortsnamen hier kannst du den
Vornamen nicht mehr so leicht erkennen?
Hildesheim   □
Wolfenbüttel   □
Bamberg   □

44. Manche Leute haben den vollkommenen Fami-
liennamen. Neidisch? Welcher wäre das hier, den
es tatsächlich gibt?
Ideal   □
Perfekt   □
Vollkommer   □

45. Mit dem Politiker Wohlrabe spielte einst Her-
bert Wehner sein Spielchen.
Übelkrähe nannte er ihn.
Aber mit einem Vogel hat der Name nichts zu tun.
Welcher Vorname könnte im zweiten Teil stecken?
Raban   □
Laban   □
Urban   □

46. Mit Spitznamen wird auch stilisiert.
Von Sportskanonen kennen wir solche Stilisierun-
gen: Eisenfuß, Floh, Zecke.
Es sagt etwas über die Person, prägt ihr Image.
Weißt du, wer Motzki war?
Matthias Sammer　　　　　☐
Fritz Walter　　　　　　　☐
Franz Beckenbauer　　　　☐

47. Sprechende Namen werden in Comics intensiv
gebildet und verwendet.
Was sollen sie uns sagen? Welcher Professor geht
einer wichtigen beruflichen Tätigkeit nach?
Professor Schluck　　☐
Professor Schlapp　　☐
Professor Grübler　　☐

48. Spitznamen für Lehrer: Bauchi = dick,
Papi = nett und gütig,
Putzer = säubert die Versuchsgeräte gründlich.
Viele haben Tradition, man weiß aber nicht immer,
woher sie kommen.
Siehst du hier einen, wo du es noch erkennst?
Männl　　☐
Lale　　☐
Ixe　　☐

49. Viele großen Städte haben im Ausland eigene
und angepasste Namen.
Das gilt auch für deutsche Städte.
Wie heißt München in Italien?
Munichen   ☐
Monaco   ☐
Moncana   ☐

50. Viele großen Städte haben im Ausland eigene
und angepasste Namen.
Das kann schiefgehen. Mailand – soll das ein Land
sein?
Wie heißt die Stadt original?
Milano   ☐
Myland   ☐
Mailan   ☐

51. Wenn man einen Hagbert, den Menschen mit
oder aus dem hellen Wald hat, was kann man
daraus alles machen! Was besonders leicht und
ein bisschen witzig?
Hackbart   ☐
Hegbrett   ☐
Hackbrett   ☐

52. Namen können Assoziationen wecken.
Das können angenehme sein, gegen die der
Namenträger meist keine Einwände hat.
Welche unangenehme Assoziation könnte aber
einer dieser drei wecken:
«Brösamle», «Gülle», «Blödow»?
Aus dem Osten   ☐
Verächtlich   ☐
Schlechtes Wetter   ☐

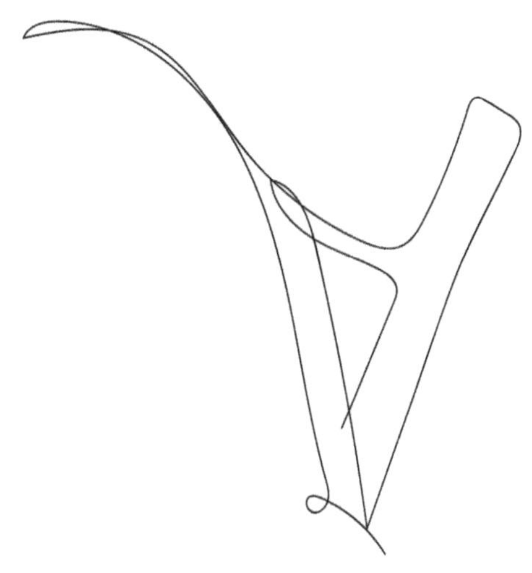

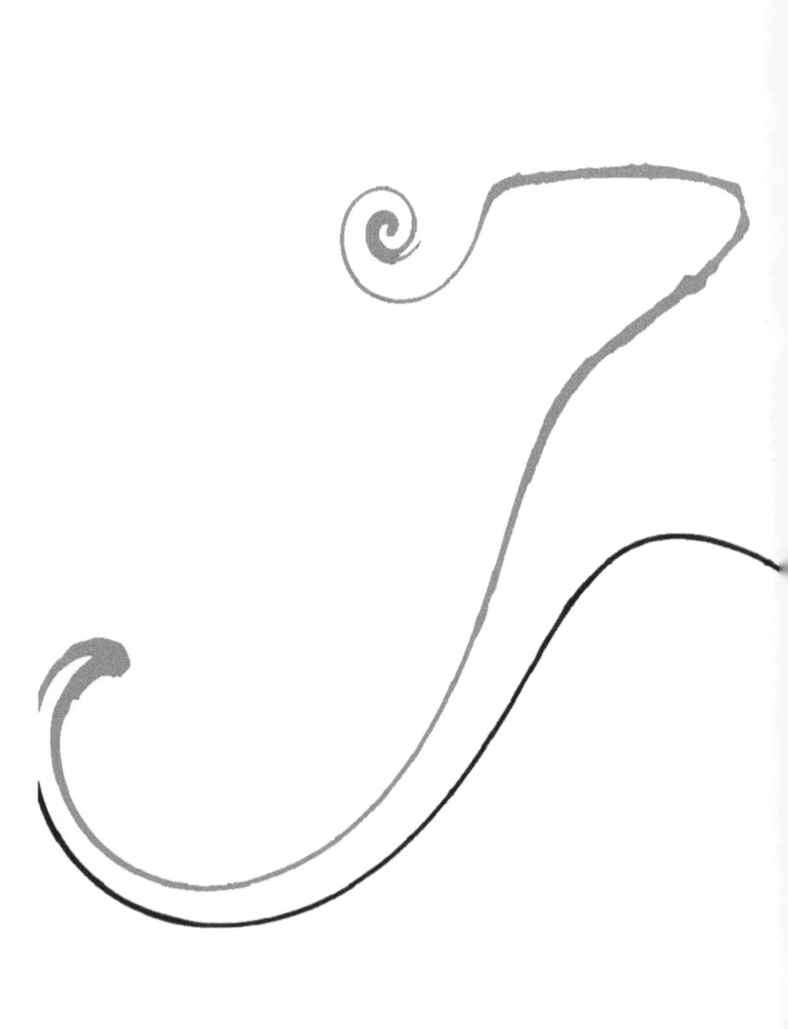

4. Was drinsteckt und wieso

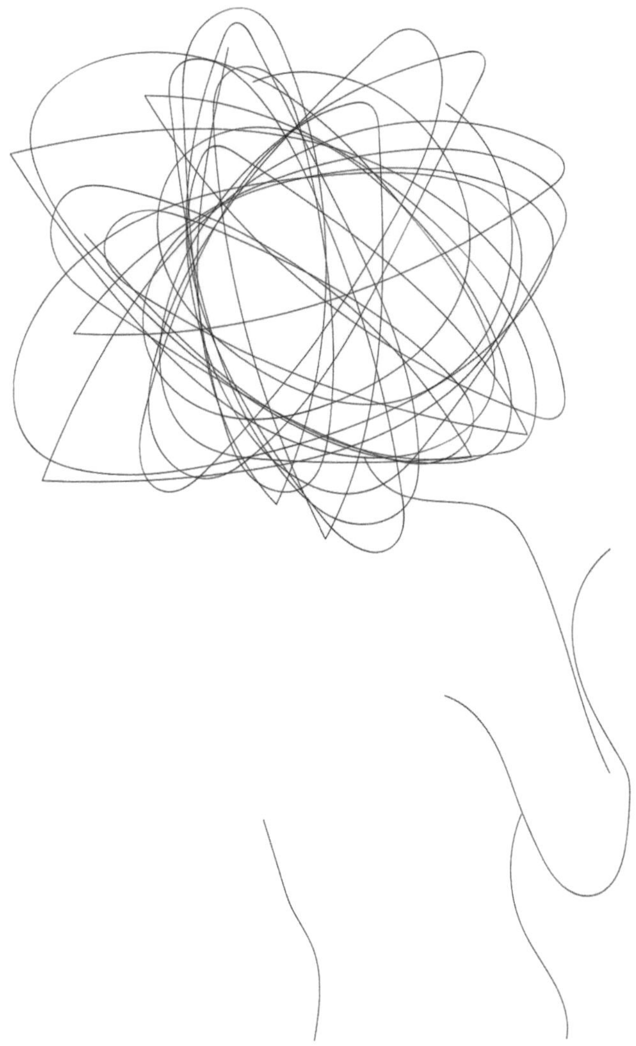

1. Aus alten Teilen könnte man neue Namen machen.
Welchen gibt es bestimmt noch nicht?
Meinert   ☐
Deinert   ☐
Seinert   ☐

2. Der Bär war für die Alten ein Vorbild an Kraft und Stärke.
Wunschnamen spielten darauf an, wollten es sich zunutze machen.
Zum Beispiel: Stark wie ein Bär!
Welcher Name könnte so etwas enthalten?
Bastard   ☐
Bernhard   ☐
Berthold   ☐

3. Der Beruf war der häufigste Namengeber.
Häufig wurden auch hervorstechende Eigenschaften verwendet.
Welcher Name ist das Kuckucksei hier? Welcher passt von daher nicht in die Reihe?
Klein   ☐
Koch   ☐
Lange   ☐

4. Eigenschaften der Menschen wurden für
Familiennamen hergenommen.
Auffällig war die Körpergröße:
Lang, Kurz, Groß, Klein.
In Norden wurde öfter der Artikel dazugedacht:
der Große.
Wo gibt es deshalb mehr Lang statt Lange?
In Norddeutschland   ☐
In Süddeutschland   ☐
In Ostdeutschland   ☐

5. Es gibt das Bestreben, nach dem Vornamen
Mädchen und Jungen zu unterscheiden.
Da funkt aber oft der Import aus anderen
Sprachen dazwischen.
Meist sind Namen auf -a weiblich.
Für welchen gilt das hier nicht?
Jirka   ☐
Lenka   ☐
Olga   ☐

6. Es heißt: Die alten Germanen waren streitbare
Leute. Hilt stand für Kampf und ebenso gunt.
Etwas davon zeigt sich in ihren Vornamen.
In welchem dieser Namen ist am wenigsten über-
trieben, nichts doppelt gemoppelt?
Siegfried   ☐
Hildegund   ☐
Gunhild   ☐

7. Farbwörter als Namen sind häufig.
Für die Vergabe mögen verschiedene Motive
mitgespielt haben: Bei Grün sicher anders als bei
Schwarz.
Welcher Name hier ist bei weitem der häufigste?
Schwarz   ☐
Blau   ☐
Grau   ☐

8. Fettleibigkeit war immer ein Thema. Daher auch
die fetten Namen: «Feist», «Faist» und «Faistle».
Und das Runde in «Sinnwell» = ewigrund.
Und dann der Vergleich mit Sack.
Wo ist er für eine Person weniger plausibel?
Biersack   ☐
Buttersack   ☐
Füllsack   ☐

9. Namen wurden üppig variiert, lautlich durch die
Aussprache.
Man erkennt das nicht immer leicht.
Was ist hier schwer als Form zu Katharina zu er-
kennen?
Katja   ☐
Kate   ☐
Käthe   ☐

10. Namen, die die Größe betonen, gibt es viele.
Auch umgekehrt.
Welcher dieser Namen ist eher kein Ortsname?
Kleinau   ☐
Kleinow   ☐
Kleinhans   ☐

11. Verkleinerungsformen sind doch nett gedacht,
haben was Nettes. Obwohl:
Manche aber sind eher Scheiße in Geschenkpapier.
Welchen Namen möchte man auch verkleinert
recht ungern, wenn man die Wahl hätte?
Häfele   ☐
Öchsle   ☐
Heinlein   ☐

12. Viele Familiennamen enden auf «-er».
Manche haben früher die Herkunft des Trägers
angegeben, andere den Beruf.
Welcher hier ist eher eine Berufsbezeichnung?
Marburger   ☐
Brückner   ☐
Schmelzer   ☐

13. Was gibt es in der Schweiz für Berufe! Sogar
Käsbohrer?
Klaro, so kommen die Löcher nicht in den Käse.
In der süddeutschen Heimat der Käsbohrers
hießen sie wohl Kasborer.
Es hat mit Theaterdarstellern zu tun, vielleicht
entstanden aus . . .
Kasperer   ☐
Kasperle   ☐
von Bora   ☐

14. Was könnten die Vorfahren dieser Damen
gemeinsam gehabt haben?
Frau Toni Groß, Resi Dycker, Helga Tönnjes
Bayrische Vornamen   ☐
Sie waren korpulent   ☐
Sie wohnten in Bayern   ☐

15. Ben, einer der häufigsten Jungennamen der
letzten Jahre, ist eine Kurzform von Benjamin.
Er ist hebräisch und stammt aus der Bibel.
Was er bedeutet ist kaum bewusst.
Was denkst du? Es ist recht poetisch.
Willkommen   ☐
Sei mit uns   ☐
Sohn des Südens   ☐

16. Berlin – Die deutsche Hauptstadt.
Aber ihr Name ist nicht deutsch.
Schon die Endung –in deutet auf slawisch, so wie
in dieser ganzen Serie:
Schwerin, Eutin, Stettin, Köslin, Wettin, Döbelin
und abgeschwächt in Döbeln.
Latinisiert heißt die Stadt . . .
Berlina   ☐
Berlino   ☐
Berolina   ☐

17. Das deutsche Standesamt verlangt, dass man
am Vornamen das Geschlecht erkennen kann.
Aber es gibt Ausreißer, vor allem bei Kurznamen
und bei neuen Namen.
Bei welchem kann man das Geschlecht erkennen?
Doch dazu muss man einiges wissen.

Toni   ◻

Kim   ◻

Iris   ◻

18. Das Prinzip der Vererbung von Familiennamen
schafft eine geschlossene Liste.
Dennoch kommen immer wieder neue ins Spiel.
Was ist der Grund hierfür?

Zuwanderung ◻

Neuzulassung ◻

Neubildung ◻

19. Der Namenbaustein -lar bedeutete so viel wie
eingezäuntes, umfriedetes Gebiet.
Dazu kam als erster Baustein oft, wem es gehörte.
In welchem Namen ist das noch zu erkennen?

Wetzlar ◻

Fritzlar ◻

Buttlar ◻

20. Frauennamen wurden öfter schon mal aus
Männernamen hergeleitet.
Das hing sicher auch damit zusammen, dass viele
Männernamen so Schönes zu sagen schienen.
Welche Ableitung scheint dir am häufigsten?
Wilhelmin   ☐
Wilhelmine   ☐
Wilhelma   ☐

21. Im Hamburger spielten die Amis mit einem
Baustein: ham = Schinken.
Aber in deutschen Ortsnamen kommt -ham vorn
wie hinten vor: Hamburg, Hausham, meist als
Abwandlung von Heim oder Hafen.
Wo würde -heim gut passen?
Hambach   ☐
Hamborn   ☐
Hameln   ☐

22. Immer kürzer und am Ende zum Wort gewor-
den. So ging es mit Matthias > Mattes > Matze.
Und dann? In welchem Wort steckt der Name
«Matthias»?
Hausspatz   ☐
Matratze   ☐
Piepmatz   ☐

23. In Befragungen haben Eltern die Motive ge-
nannt, die für sie bei der Vornamengebung wichtig
sind. Ein Kriterium war:
Der Vorname muss zum Familiennamen passen.
Was glaubst du vermeiden Eltern?
Wohlklang   ☐
Kürze   ☐
Reime   ☐

24. In Patronymen identifiziert man jemanden über
des Vaters Namen: Adams Sohn, Peters Sohn.
Da war natürlich «Sohn» überflüssig, wenn man
wusste, dass es ein Junge war.
Wo findet sich kein Rest dieser Bildungsweise?
Thomas   ☐
Adams   ☐
Lampertz   ☐

25. Bei abgewandelten Vornamen kann man schon
mal sehen, woher der Name wohl kommt.
Natürlich muss die Person gar nicht von da kom-
men. Die Namen wandern.
Welche Form war eher im Norden beheimatet?
Georg   ☐
Jürgen   ☐
Schorsch   ☐

26. Bei manchen Personennamen erkennt man an
der Endsilbe noch ganz gut, woher er kommt.
Aber man braucht schon ein paar Grundthesen.
Woher kommen diese Namen ursprünglich:
Janosch, Langosch, Bartosch?
Russland   ☐
Griechenland   ☐
Ungarn   ☐

27. Berchtesgaden. Gaden ist ein altes Wort für ein
kleines einstöckiges Haus. Das war der Anfang des
Ortes. Und es gehörte einem gewissen . . .
Berchta   ☐
Berthold   ☐
Brecht   ☐

28. Die alten Kelten saßen in Süddeutschland vor
Römern und Germanen. Keltisch «stary» ist ein
altes Wort für alt. Also nicht täuschen lassen:
In vielen steckt es, wahrscheinlicher als unser
heutiges Star.
In welchem Ortsnamen aber eher nicht?
Starnberg   ☐
Starkenburg   ☐
Stargard   ☐

29. Die Benennung nach der Größe finden wir in mancherlei Form.
Ältere Formen groß = michel, klein = lützel.
Welcher Ortsname könnte eher nicht auf den Namen Michael zurückgehen?

Michelau   ☐
Michelstadt   ☐
Michelsneukirchen   ☐

30. Die gängigen Familiennamen sind recht regelmäßig verteilt. Schmiede gab es überall.
Bei manchen finden wir aber regionale Nester. Auch über Deutschland hinaus.
Wo gibt es die meisten Heringer?

In Sachsen   ☐
In USA   ☐
In Brasilien   ☐

31. Du weißt, wann der Nikolaus kommt.
Auch, dass er ein Heiliger war und vielen den Namen lieh? Es gibt unzählige Varianten:
Klaus, Nicole. Auch Nickl stammt von ihm, wird auch als Wort verwendet. Wo steckt es nicht drin?

Zornigel   ☐
Karnickel   ☐
Schweinickel   ☐

32. In Aachen gibt es einen Stadtteil, der Bad
Aachen heißt.
Die Badekultur ist alt und der Stadtname geht
zurück auf die Römer.
Der Name kommt vom lateinischen Wort für
Wasser . . .
Ache   ☐
Aqua   ☐
Aquila   ☐

33. In Deutschland gibt es viele slawische
Ortsnamen.
Manche erkennt man an der Endung -in.
Sie drückte Zugehörigkeit aus.
X-in gehörte zum X.
Später wurden die Ortsnamen auch
Familiennamen.
Was passt da nicht so recht, kommt aber vor?
Beutin   ☐
Benthin   ☐
Benzin   ☐

34. In Europa gibt es uralte sprachliche Verwandt-
schaften.
In Flussnamen kann man sie noch entdecken.
Eine typische Endung für Gewässernamen ist -ach.
Das gibt es nicht nur als Endung:
die Gastreiner Ache.
Worin steckt die Endung wohl nicht?
Salzach   ☐
Urach   ☐
Andernach   ☐

35. Kotzen oder Kotzenbüll geben keinen schönen
Anklang her.
Als Familienname schon gar nicht.
Aber Sprache wandelt sich und eher unschuldige
Wörter gehen verloren.
So weißt du vielleicht, was eine Kotze war?
Oder was Warmes vermutest du?
Eine Wolldecke   ☐
Eine Katze   ☐
Eine Kajüte   ☐

36. Namen sagen auch etwas über die Zeit und die Kultur, in der sie Mode waren.
Fußballvereine wie Dynamo Dresden, Energie Cottbus, Wismut Aue waren regional üblich.
Wo und wann wurden sie gegründet?

In der BRD   ☐
In der DDR   ☐
In Österreich   ☐

37. Namengebung wurde als Mittel der Politik verwendet. Die Nazis haben Orte im Osten unkenntlich umbenannt. Es wurden umbenannt: Podkomorzyce, Sarbsko, Szeligowo.
Bei welchem ist nichts Slawisches mehr zu sehen?

Sarsen   ☐
Puttkamerhof   ☐
Eichenfelde   ☐

38. Was wurde nicht alles aus Bernhart, dem Bärigen! Berni, Benni, Benno, Behnke, Berning, Berno.
Wie könnte man das Verfahren nennen, mit dem Bernhart zu Betz wird, mit dem man ein z einschmuggeln kann?

Kürzung   ☐
Anreicherung   ☐
Zusammensetzung   ☐

39. Was wurde nicht alles aus Kuonrat, dem Küh-
nen!
Kunke, Kienle, Kühnle, Kunz, Konz und so weiter.
Wie würde man das Verfahren nennen, mit dem
Kuonrat zu Künzel wird?
Verwischung   ☐
Vermischung   ☐
Verkleinerung   ☐

40. Weißt du, was ein Bazi ist? Auf Bairisch
irgendwie ein doofer Mensch.
 Aber woher kommt das Wort?
Von welchem Namen könnte es kommen?
Sebastian   ☐
Bonifazius   ☐
Baltasar   ☐

41. Wir und die Anderen, das ist eine übliche
Denkweise der Menschen.
Öfter wurden die Anderen über Merkmale identifi-
ziert, öfter auch ausgegrenzt.
Woher kam wohl der Träger des Namens
«Allgeier»?
Bayern   ☐
Allgäu   ☐
Kraichgau   ☐

42. Zabern scheint ziemlich alt.
Es geht zurück auf lateinisch Taberna, Wirtshaus
oder Schenke.
Wie wichtig Wirtshäuser sind, kann man daran
sehen, dass sie öfter Städte begründet haben.
Bei welchem Ort ist das eher nicht der Fall?
Rheinzabern   ☐
Bergzabern   ☐
Wabern   ☐

43. Bei Namen haben sich Sprachreiniger ausge-
tobt. Nicht nur, dass die Nazis verordnet haben:
Deutsche sollen deutsche Namen geben.
Schon vorher wurde gegen Fremdnamen
gewettert.
Welches ist die ulkigste verdeutschende
Empfehlung von diesen dreien?
Sanftine   ☐
Duldine   ☐
Wollustine   ☐

44. Benennungen für Zuhälter sollen manchmal etwas verhüllen, sie sollen aber auch ein bisschen abwerten.
Auf jeden Fall werden sie schnell so verstanden. Welcher Name wird nicht abwertend für Zuhälter verwendet?

Louis   ☐
Lude(wig)   ☐
Leopold   ☐

45. In Comics finden wir schöne sprechende Namen. Was werden sie uns sagen?
Ein Herr namens Peter Silius.
Mit welchem Wort wird hier gespielt?

Petersilie   ☐
Peters Lilie   ☐
Persil   ☐

46. Und noch ein sprechender Comic-Name. Was wird uns dieser hier sagen?
Cavaliere Carlo di Carotti.
Ja, wo kommt der wohl her?

aus Italien   ☐
aus Frankreich   ☐
aus Dänemark   ☐

47. Comics leben von sprechenden Namen.
Sie werden gebildet, um uns zu belustigen:
Balduin Brummer.
Was soll der Herr von Beruf sein?
Heizungsmonteur   ☐
Postbote   ☐
LKW-Fahrer   ☐

48. Comics übertreiben auch gern mit sprechen-
den Namen. Was soll damit gesagt werden?
Rodrigo Crawallo y Randalierez.
Mit welchen Wörtern wird hier gespielt?
Krawall + Randale   ☐
Rodeln + Radeln   ☐
Reiten + Reisen   ☐

49. Das Wort «Kastell» haben wir heute noch.
Es ist lateinisch und bezeichnete römische militäri-
sche Ansiedlungen in der alten Zeit.
In welchem Ortsnamen erkennst du das Wort nicht
mehr so gut? Es steckt aber drin!
Kastell   ☐
Kastellaun   ☐
Kassel   ☐

50. Der Name «Philipp» ist eigentlich griechisch. Er enthält das Element «phil», das mit lieben zu tun hat, und «hippo», das mit Pferden zu tun hat. Als Namen übersetzt wurden, hat man sich auch hieran versucht.
Was wär die beste Version?

Rosslieb   ☐
Pferdeliebhaber   ☐
Der Pferde pflegt   ☐

51. Der Name Christopher hat zu tun mit dem Heiligen Christophorus, der Jesus über den Fluss trug. Zu ihm gibt es Kurzformen.
Eine von ihnen wurde zu einem Wort, das nicht gerade schmeichelt. Welche Form ist das?

Stoffel   ☐
Kristo   ☐
Stoffer   ☐

52. Der Ortsname Haßloch klingt recht gemein. So haben es die Menschen gedreht. Früher hieß der Ort Haslach. Darin steht der zweite Baustein für Wasser. Und der erste?

Für Hasen   ☐
Für Hasel(nuss)   ☐
Für hassen   ☐

53. Die Dicke Bertha, nicht gerade ein schöner
Name. Aber die Großschreibung zeigt:
Es ist ein Name.
Wofür wurde dieser Name vergeben?
Für eine Kanone   ☐
Für eine Weinkönigin   ☐
Für eine prämierte Kuh   ☐

54. Familiennamen werden produktiv.
Man braucht oft Differenzierung, wenn es so viele
Meiers gibt. Aber man kann auch Wörter aus
ihnen machen mit Zusätzen, die etwas sagen.
In welchem Wort steckt kein Familienname?
Gschaftlhuber   ☐
Trunkenbold   ☐
Kraftmeier   ☐

55. Ganz exquisit! Vornamen werden gegeben.
Da kann man sich (oder das Kind) vom Durch-
schnitt absetzen.
Welcher dieser Namen klingt besonders edel und
exklusiv?
Eleonore   ☐
Daisy   ☐
Lena   ☐

56. Hallein war das kleine Hall, im Gegensatz zum
großen Bad Reichenhall.
Was hat da gehallt? Besonders laut dürfte es
weder hier noch da gewesen sein.
Was könnte es mit Hall denn sonst auf sich haben?
Denk an die Salinen.

Hallo!   ☐
Hall = Salz   ☐
Allein?   ☐

57. In Deutschland dürfen Kinder nicht als Werbe-
träger benutzt werden.
Darum werden keine Firmenbezeichnungen als
Vornamen akzeptiert.
Aber wenn ein Name schon lange existiert?
Bei welchem Mädchen könnte man Werbung
vermuten?

Nike Wagner   ☐
Iris Schön   ☐
Mia Leider   ☐

58. Juden hatten eine eigene Tradition der Namengebung.
Sie wurden aber vor allem im 18. Jahrhundert gezwungen, neue Namen anzunehmen.
Oder besser:
Man hat sie ihnen aufgezwungen.
Welcher Name ist besonders diskriminierend?
Rubinstein   ☐
Zuckerberg   ☐
Morgenthau   ☐

59. Manche interessieren sich für schlüpfrige Ortsnamen.
Sie lesen vordergründig:
Busenhausen, Gammelshausen, Giershausen, Poppenhausen.
Das Vordergründige steckt aber nicht drin.
Nur mal für «gammel», es hieß:
einfach nur: alt   ☐
so viel wie Kamel   ☐
vermählt   ☐

60. Mein Hansi ist wieder ganz verliebt.
Ich hab ihn jung gekauft. Aber jetzt kann er nicht
mehr allein sein und ich musste zukaufen.
Was ist Hansi?
Ein Wellensittich   ☐
Eine Katze   ☐
Ein Hund   ☐

61. Namen können Assoziationen wecken.
Das können angenehme sein, gegen die Namen-
träger meist keine Einwände haben.
Welche unangenehme Assoziation könnte aber
einer dieser drei wecken:
»Brösamle», «Gülle», «Blödow»?
Reicher Sack   ☐
Hoch gebildet   ☐
Bissl doof   ☐

62. Namen-Assoziationen.
Angenehme und unangenehme.
Welche Assoziation könnte einer der drei wecken:
»Brösamle», «Gülle», «Blödow»?
Scheiße!   ☐
Ein Professor   ☐
Hühnerzucht   ☐

63. Namen sprechen lassen.
Das können die Dichter.
Bei Goethe gibt es den Herrn Schnaps, Jean Paul
hat den Schulmeister Wutz,
Schiller den Hofmarschall Kalb.
Bei Thomas Mann gibt es die Madame Houpflé.
Was soll der Name nahelegen?
Sie ist ein Betthupferl   ☐
Sie ist Französin   ☐
Sie ist Schweizerin   ☐

64. Ortsnamen sollen manchmal sprechen.
Es mag eine Art Widmung sein, es kann auch eine
Art Wunschname sein.
Luise von der Tann und «Unsere liebe Frau im
Walde».
Wofür könnte man sich den letzten Namen gut
denken?
Für ein Kloster   ☐
Für eine Jagd   ☐
Für einen Sportplatz   ☐

65. Spitznamen sind als Namen getarnte Eigen-
schaftswörter. Sie sagen etwas, meist Kritisches
über den Benamsten.
Nicht immer direkt.
Was wird angedeutet mit «Süffi»?
Ein Trinker   ☐
Guter Witzerzähler   ☐
Ein ganz Süßer   ☐

66. Spitznamen sind Unterseeboote.
Sie sagen etwas, meist Kritisches, aber nur indirekt.
Man kann sich nicht wehren.
Wofür steht metaphorisch «Skorpion»?
Giftig   ☐
Nützlich   ☐
Exotisch   ☐

67. Vornamen nach einem Vorbild zu geben ist
lange Tradition.
Vielleicht wollte man damit das Vorbild ehren oder
nur zeigen, dass man irgendwie dazugehört.
Welche Namen hätte man da in der DDR geben
können?
Alice   ☐
Rosa   ☐
Romy   ☐

68. Vornamen nach Tieren spielen mit den tatsäch-
lichen oder den zugeschiebenen Eigenschaften der
Tiere. So war ein Fuchs natürlich schlau, ein Bär
war stark.
Und ein Herr Pfau? Was kommt einem bei dem in
den Sinn?
flügellahm   ☐
Perser   ☐
eitel   ☐

69. Was sagt uns ein Name? Das ist nicht immer
wichtig, kann aber schon mal witzig verwendet
werden. Prang, Prahl und Pfau.
Womit würdest du alle drei in Zusammenhang
bringen?
Klugscheißer   ☐
Angeber   ☐
Einfaltspinsel   ☐

70. Wie soll ich ihn bloß nennen? Er ist noch ganz
klein, braucht aber einen Namen.
Bello? Rex? Oder wie? Worum geht es?
Um einen Wellensittich   ☐
Um eine Katze   ☐
Um einen Hund   ☐

71. Auf Deutschlands Straßen begegnet dir schon mal ein Käsbohrer. Ein Bus, der von der Firma dieses Namens hergestellt wird.
Und woraus wurde der Name hergestellt?
Sagen wir mal: Käse steckt drin.
Aber was ist mit Bor?
Ein Tragekorb   ☐
Ein Suffix   ☐
Ein Heilmittel   ☐

72. Aus Volkhold macht der Volksmund Vollgold, aus Fromholts macht er Frommholz.
Und aus Frodewin?
Ottwin   ☐
Frohwein   ☐
Ortwin   ☐

73. Barcelona ist eine katalanische Stadt.
Oft wird der Name spanisch ausgesprochen, vor allem eingebildete Kenner machen es mit englischem th.
Wie wäre es echt katalanisch?
Barselone   ☐
Barzelona   ☐
Bartzelona   ☐

74. Brandenburg wurde gemacht aus Brennabor.
Man verstand das alte slawische Wort «bor» für
Föhre nicht mehr.
Da hat man das Ganze eben modernisiert.
In welchem Ortsnamen könnte Föhre stecken?
Forchheim   ☐
Fichtelgeb   ☐
Tannheim   ☐

75. Die ganz gewöhnlichen deutschen Namen
wurden übersetzt ins Lateinische.
Damit wurden die Herren feiner und gelehrter.
Der Bäcker (in Bayern heißt er heute noch so
ähnlich) wurde zum . . .
Pistor   ☐
Pastor   ☐
Pierer   ☐

76. Vornamen, die in einem Volk häufig sind oder
besonders auffällig, werden auch verwendet, um
den Angehörigen des Volkes stereotypisch zu
benennen.
Wie wird ein typischer Deutscher auch genannt?
Deutscher Otto   ☐
Deutscher Hein   ☐
Deutscher Michel   ☐

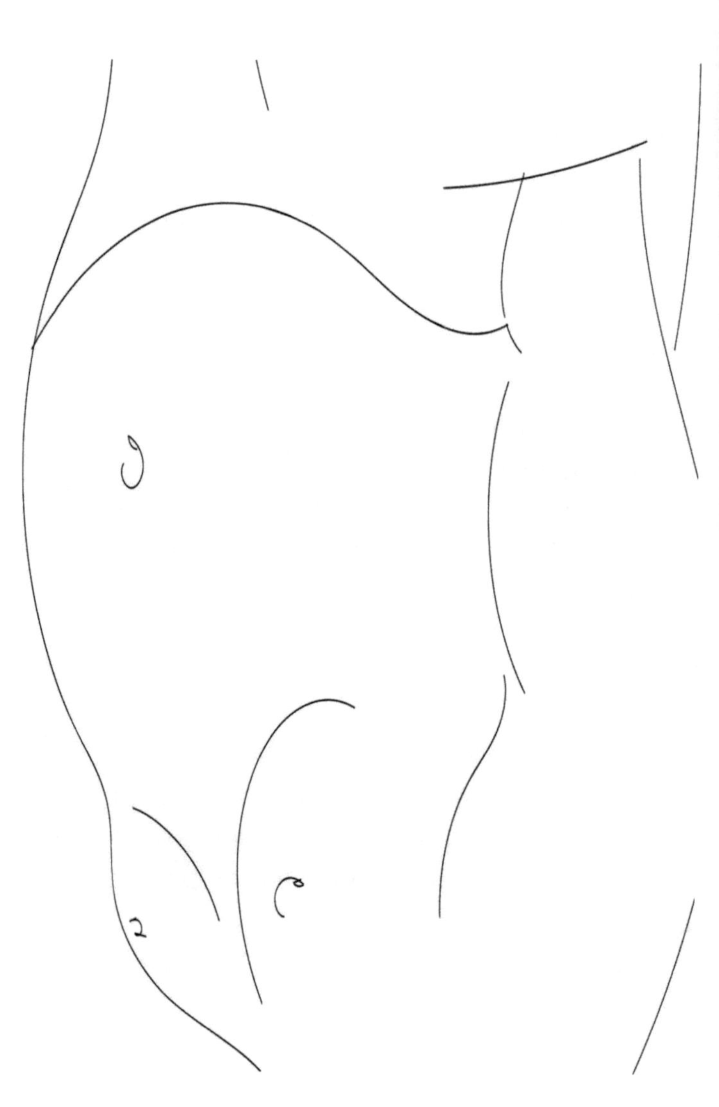

5. Schall und Rauch?

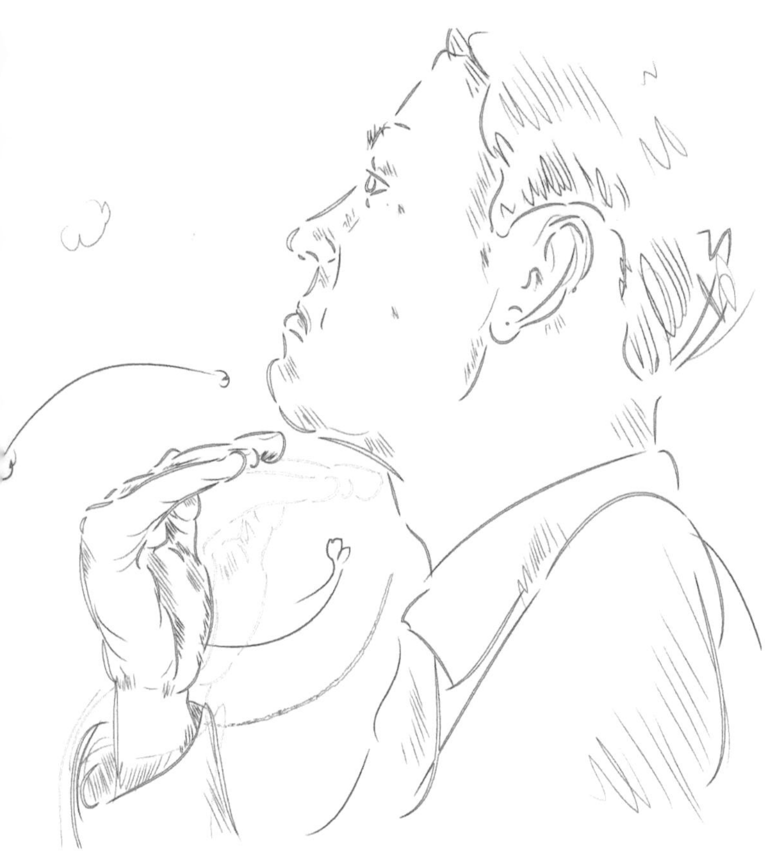

1. Spielerische Umstellungen waren vor allem für
Künstlernamen üblich.
Welche Umstellung könnte ein hochpreisiger
Sternekoch spielerisch verwenden:
«Lauterwald», «Landthaler», «Leckebusch»?
Buschlecke   ☐
Waldlauter   ☐
Thalerland   ☐

2. Kennst du Erich Ohser? Vielleicht eher unter
dem Künstlernamen E. O. Plauen.
Nach welchem Kriterium hat er sich diesen Namen
gewählt?
Geburtsort oder Wohnort   ☐
Name der Mutter   ☐
Umstellung aus Nepaul   ☐

3. Kennst du Rudolf Leder? Er ist Schriftsteller.
Aber der Name passte ihm nicht, nicht gut zu ihm.
Deshalb wählte er den Künstlernamen Stephan
Hermlin.
Das war, ehrlich gesagt, ein bisschen prätentiös.
Was klingt da an?
Herrmann   ☐
Ärmel   ☐
Hermelin   ☐

4. Comics nehmen ein Vorbild an literarischen
Namen, leben von sprechenden Namen.
Aber übertreiben ein bisschen.
Was hat es mit diesem schlanken Herrn auf sich:
Reiner Diätes? Womit wird hier gespielt?

Diät + rein   ☐
Dick + Diät   ☐
Diät + sauber ☐

5. Der Dichter Joachim Ringelnatz hat sich diesen
Namen selbst gegeben.
Eigentlich hieß er Hans Bötticher.
Wie heißt solch ein selbst gegebener Namen?

Synonym   ☐
Rufname   ☐
Pseudonym ☐

6. Ein Name ist Schall und Rauch, sagt Goethe
irgendwo im Faust.
Aber stimmt das? Im Zusammenleben zählt der
Name irgendwie als Teil der Person.
Was wäre zu tun, wenn man Hans Wurst hieße?

Einfach ignorieren   ☐
Namen ändern lassen   ☐
Künstlernamen zulegen ☐

7. Nicht alle Namen werden beim Standesamt zugelassen. Vor allem, was gar kein Name ist oder kein Personenname.
Also: BMW Meier oder «Audi Klara Herz» dürften nicht laufen.
Welcher würde als Vorname locker akzeptiert?
Toyota   ☐
Ford   ☐
Mercedes   ☐

8. Nicht so viele Menschen schaffen es, dass nach ihrem Namen eine Art Theorie oder eine Ideologie benannt wird.
So von Anton Mesmer der Mesmerismus.
Was ist das?
Eine okkulte Heilmethode   ☐
Eine Wirtschaftslehre   ☐
Eine Philosophie   ☐

9. Wir selbst schaffen es nicht, dass nach uns etwas benannt wird. Mit einem Ismus.
Also von Karl Marx der Marxismus. Was ist das?
Eine Behandlungsmethode   ☐
Eine Gesellschaftslehre   ☐
Eine Sternenkunde   ☐

10. Vornamen müssen nicht Namen bleiben.
Sie können in den Wortschatz übergehen,
bekommen dann eine besondere Bedeutung.
Gehen auf Merkmale der Namensträger zurück?
Welches Wort geht nicht auf Namen zurück?
Heini   ☐
Doofi   ☐
Hansl   ☐

11. Vornamen nach Vorbildern geben ist lange
Tradition. Die Eltern hoffen vielleicht, der
Sprössling werde ein bisschen wie das Vorbild.
Vielleicht auch zeigen, dass sie dazugehören.
Was war in der Nazizeit sehr häufig?
Adolf   ☐
Herrmann   ☐
Joseph   ☐

12. Vornamen nach Vorbildern. Das ist ein weit
verbreitetes Motiv der Namengebung.
Christliche Heilige waren da willkommen.
Vielleicht ging es auch darum, sie zu ehren, in
Erinnerung zu rufen. Wer war keine Heilige?
Katharina   ☐
Esther   ☐
Margarethe   ☐

13. Wenn Namen neu gegeben wurden, brauchte man Merkmale, mit denen man die Träger von Anderen unterscheiden, identfizieren konnte.
Welcher Art Merkmal zeigt «Buckelmann»?

Körper   ☐

Wohnort   ☐

Beruf   ☐

14. Wer eine wichtige Erfindung macht, der hat gute Chancen, dass sein Name mit ihr verbunden wird und er so in aller Munde kommt.
In welchem Wort steckt nicht der Erfindername?

galvanisieren   ☐

vulkanisieren   ☐

mackadamisieren   ☐

15. Bei berühmten Personen wird der Vorname gern übersetzt, wenn von ihnen die Rede ist. Vielleicht, weil der Name schwierig ist, vielleicht um die Person ein bisschen zum Unseren zu machen.
Was macht man aus Pjotr Tschaikowskij?

Peter Tschaikowskij   ☐

Pedro Tschaikowskij   ☐

Pjotr Tschaikowski   ☐

16. Die Zahl der Namen ist beschränkt.
Man kann nicht immer genau sagen, ob ein Name
eigentlich ein Familienname oder ein Vorname ist.
Welcher ginge hier auf jeden Fall für beides?
Sönke   ☐
Zita   ☐
Frank   ☐

17. Kurzformen von Namen sind bequem, können
besser gerufen werden, können kosen und
schmeicheln. Besonders für häufige Namen gibt es
viele Kurzformen.
Was ist keine Kurzform von «Elisabeth»?
Elsa   ☐
Lisa   ☐
Isa   ☐

18. Namen wurden lange als Teil der Person gese-
hen, man konnte die Person über ihren Namen
fassen. So konnte man den Namen der Geliebten
auf ein Blatt schreiben und das Blatt festnageln.
Was sollte das?
Heilung von Krankheit   ☐
Ewiger Besitz   ☐
Todesstoß   ☐

19. Namenmagie.
Aus Namen die Zukunft vorhersagen.
Wie ging das? Den Buchstaben Zahlen zuordnen:
H = 6, A = 3, N = 12, S = 20, macht zusammen 41.
Was macht man mit der Lösungszahl?
Code in Geheimtabelle   ☐
Datum + Kalenderspruch   ☐
Zahl ausdeuten   ☐

20. Wenn Eltern ihren Kindern Namen geben,
akzeptiert das Standesamt nicht alles.
Ländernamen sind nicht möglich, heißt es.
Also nicht «Argentina» für ein Mädchen.
Was hiervon ist aber doch ein Ländername?
Israel   ☐
Sofia   ☐
Dani   ☐

21. Wie gesagt: Das Standesamt akzeptiert nicht
Ländernamen als Vornamen.
Also nicht «Danmark» für einen Jungen.
Was hiervon ist aber doch ein Ländername?
Grazia   ☐
Korea   ☐
Slobodan   ☐

22. Wie brauchbar sind lange Vornamen? Ab wann
werden sie unangenehm? Das ist in Kulturen ver-
schieden.
Die Griechen scheinen lange Namen zu lieben.
Im deutschen Telefonverzeichnis findest du einige.
Welcher ist nicht griechisch?
Athanassios   ☐
Friedericke   ☐
Eleftherios   ☐

23. Wie lang kann ein brauchbarer Vorname sein.
Ein richtig langer ist «Margarethe».
Da kommt es auch auf die Schreibung an.
Wie viel Buchstaben könnte der längste haben,
den ich gefunden habe?
Falls du einen längeren kennst, Bingo!
11   ☐
12   ☐
10   ☐

24. Comic-Leser dürften sich wundern, wenn sie
auf einer Fahrt nach Dagobertshausen kommen.
Wonach der wohl benannt ist? Nach . . .
Frankenkönig Dagobert I.   ☐
Bert Drago   ☐
Donald Duck   ☐

25. Die Hamburger wollten eine neue Stadt grün-
den. Eine Kuh sollte ihnen einen guten Platz ent-
decken. Sie war aber faul und ging nicht weit,
setzte sich «all to nah».
Von welcher Stadt handelt die Story?
Altona   ☐
Harburg   ☐
Allenstein   ☐

26. Die Tussi hat einen langen Weg hinter sich:
Erst Kurzform, dann Koseform und dann? Von
welchem Namen ist das Wort hergeleitet.
Trude   ☐
Tusnelda   ☐
Thekla   ☐

27. Für eine Frau Bettziege würde einem schon
was einfallen. Der Name kommt aber von einem
Stück Land, einem Lappen wie ein Bettbezug.
Dort könnte die Namensempfängerin gewohnt
haben.
Wie nennt man Namen dieses Typs?
Flurnamen   ☐
Landnamen   ☐
Wohnnamen   ☐

28. Große Ärzte tun Großes für die Menschheit.
Zum Dank werden Krankheiten nach ihnen
benannt. Ein zweischneidiger Dank.
Nach welch Großem wurde kein solcher vergeben?
Alzheimer　　　　　□
Sauerbruch　　　　　□
Basedow　　　　　□

29. Künstlernamen geben sich Künstler selbst.
Die Sängerin Madonna ist Amerikanerin italieni-
scher Herkunft. Als Madonna ist sie weltberühmt.
Sie hat dafür einen ihrer Vornamen gewählt.
Wie hieß Madonna mit Familiennamen?
Iglesias　　　　　□
Ciccone　　　　　□
Cruz　　　　　□

30. Tolle Figuren brauchen Namen. Beim Eiskunst-
lauf werden Sprünge nach Sportlern benannt, die
sie erfunden oder in Perfektion gebracht haben.
Da war etwa ein Rittberger zu Gange.
Welcher Sprung ist nicht nach einem Menschen
benannt?
Salchow　　　　　□
Saldo　　　　　□
Doppelaxel　　　　　□

31. Vornamen kommen überall her, wenn das
Standesamt sie zulässt.
Viele haben wir aus dem Griechischen (Alexandros)
und Lateinischen (Julius, Julia).
Oft erkennt man das an der Endung:
-us und -a Latein und -os und -es . . .
Griechisch   ☐
Lateinisch   ☐
Hebräisch   ☐

32. Comics charakterisieren die Figuren oft mit
sprechenden Namen.
Was sollen sie uns sagen? Krachos Karambolages.
Welcher Herkunft soll der Herr sein?
Schwede   ☐
Grieche   ☐
Belgier   ☐

33. Comics haben oft witzige sprechende Namen.
Was werden sie uns sagen? Möchtest du dem
begegnen: Rabiatus der Starke.
Mit welchem Wort wird hier gespielt?
rabiat   ☐
Rhabarber   ☐
Bart   ☐

34. Aus Comics kennst du sprechende Namen.
Was sollen sie uns sagen? Was treibt dieser Herr
denn so, Sepp Kraxler?
Tourist   ☐
Bauer   ☐
Bergsteiger   ☐

35. Nochmal comicsche Namen.
Was sagen sie dir? Welcher General ist wohl der
am wenigsten erfolgreiche?
Kastos Katastropholos   ☐
General Schikanes   ☐
General Barras   ☐

36. Ein beliebtes Spiel mit Namen sind komische
Visitenkarten.
Wenn du so etwas machen wolltest, welchen Beruf
würdest du diesen Damen geben:
Heide Loch, Zia Hauruck, Herta Bohrer?
Zahnärztin   ☐
Postbotin   ☐
Poliseuse   ☐

37. Eltern geben Kindern Namen nach Vorbildern.
Im Jahre 1971 erlebte «Boris» einen Höhenflug.
Hing das irgendwie mit Wimbledon zusammen.
Wen hättest du gleich für das Vorbild gehalten?
Er kann es aber gar nicht gewesen sein.
Boris Jelzin   ☐
Boris Becker   ☐
Boris Pfeiffer   ☐

38. Eltern geben Kindern Namen nach Moden.
In den 80er Jahren war «Stefanie» ein Hit.
Das Vorbild hat über 300 Titel gewonnen.
Wer war es?
Stéphanie von Monaco   ☐
Stephanie Neigel   ☐
Steffi Graf   ☐

39. Figuren in Comics bekommen oft sprechende
Namen. Das gilt nicht nur für die Personennamen.
Auch Städte und Gegenden sollen charakterisie-
ren.
Wer wohnt in den Spaghettibergen?
Deutsche   ☐
Italiener   ☐
Schweizer   ☐

40. In lustigen Visitenkarten lässt man Namen sprechen.
Fernfahrer von Beruf: Welcher würde da nicht so witzig klingen, welchen würdest du dafür nicht wählen?
Rick Zickzack   ☐
Rolf Follerer   ☐
Rudi Schläfer   ☐

41. Künstler haben Künstlernamen. Sprechende künstliche Namen in Comics sind natürlich nicht so ernst gemeint. Aber wir genießen sie.
Was will uns sagen? Rosamunde Klimperling.
Was soll die Dame von Beruf sein?
Berufssportlerin   ☐
Pianistin   ☐
Hebamme   ☐

42. Künstlernamen geben sich Künstler selbst.
Sie wollen damit etwas bewirken.
Wenn ein Künstler sich wie Heino einen Vornamen gibt, was will er damit eher nicht bewirken?
Nähe suggerieren   ☐
Den schönen Klang betonen   ☐
Bekanntheit vorgeben   ☐

43. Mit der Verwendung Ihrer Namen ehrt man berühmte Menschen.
Physiker lieferten die Bezeichnung von Maßeinheiten.
Welche dieser Einheiten ist nicht nach einem Menschen benannt?
Ampere   ☐
Ohm   ☐
Gramm   ☐

44. Mit der Verwendung ihrer Namen ehrt man berühmte Menschen. Physiker lieferten die Bezeichnung von Maßeinheiten.
Wer wurde so nicht durch eine Maßeinheit geehrt?
Albert Einstein   ☐
James Watt   ☐
Alessandro Volta   ☐

45. O du Falada, da du hangest, heißt es im Märchen «Die Gänsemagd». Nach dem Namen des Pferdes hat sich ein bekannter Dichter benannt.
Das war . . .
Hans Fallada   ☐
Heinz Fallada   ☐
Horst Fallada   ☐

46. Wenn die Menschen wollten, dass die Namen
irgendwie das Schicksal bestimmen, warum haben
sie dann Namen gegeben, die auf Deutsch hießen:
Hundedreck, Nichtswert, Misthart, Müll, Abfall?
Schutz gegen böse Geister   ☐
Wollten die Kinder nicht   ☐
Liebten die Kinder nicht   ☐

47. Wird der Teufel genannt, kommt er gerannt.
Sowas sollen die Menschen geglaubt haben.
Darum haben sie das Wort, auch den Namen
tabuisiert, stattdessen Verhüllungen gebraucht.
Was wurde nicht für den Teufel verwendet?
Der Leberecht   ☐
Der Leibhaftige   ☐
Der Gottseibeiuns   ☐

48. Ach wie gut, dass niemand weiß, dass ich
Rumpelstilzchen heiß. Ehrlich, mit so einem komi-
schen Namen würde sich jeder genieren.
Aber man soll mit dem Namen Gewalt über
Personen bekommen.
Wie nennt man diesen Glauben?
Unglauben   ☐
Namenzauber   ☐
Namensglaube   ☐

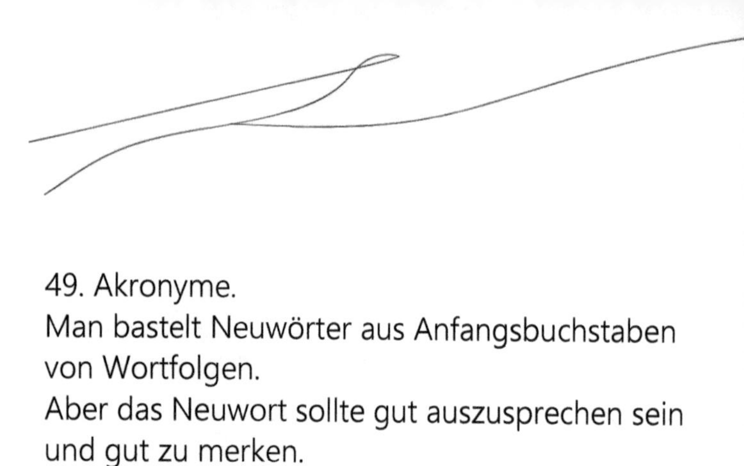

49. Akronyme.

Man bastelt Neuwörter aus Anfangsbuchstaben von Wortfolgen.

Aber das Neuwort sollte gut auszusprechen sein und gut zu merken.

Was wär ein gutes Akronym zu «Heidi Backes Acorn Plains»?

HEPLABAC ☐

BAHEAPL ☐

ACPLBAHE ☐

50. Als die Familiennamen vergeben wurden, hat man oft, nicht immer nett, auffällige Eigenschaften betont.

(Die Beine spielten oft eine Rolle).

Der Träger konnte damit auch gehänselt werden. Wo ist der ursprüngliche Sinn besonders gut versteckt?

Grombein ☐

Langbein ☐

Hünerbein ☐

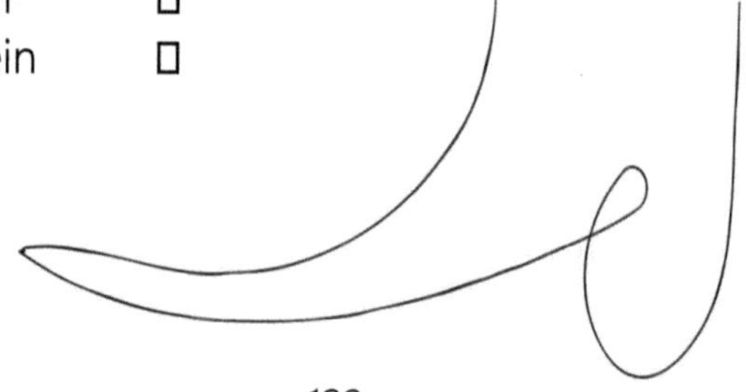

51. Als Kampfbären und Wolfskämpfer sahen die alten Germanen ihre Jungs.
Wie aber war das mit den Mädchen? Was war das Bild, das Ideal in Edeltraut und Ingeborg?

Das Beschützende ☐
Das Fruchtbare ☐
Das Streitsüchtige ☐

52. Christine Loderer klingt erst mal gar nicht schlecht. Der Familienname ist aber echt geschönt. Was könnte es ursprünglich damit auf sich haben?
Es hat etwas mit Luder zu tun.
Was war das vor Zeiten?

Boxenluder ☐
Luder = Aas ☐
Loderndes Feuer ☐

53. Dass Schiller ein klassischer Dichter war, aber auch ein schillerndes Leben führte,
ist wohl bekannt.
Was aber hat es mit dem geerbten Namen auf sich? Höchstwahrscheinlich . . .

Schöller ☐
Schaller ☐
Schieler ☐

54. Der Gasthof Immersatt in Nimmersatt
(Preußen), das ist nur ein Spiel mit dem Namen.
Mit satt hat es wenig zu tun, viel mehr mit Sitz und
Besitz. Es war der Sitz von Niemer oder Nidmar.
In welchem Ortsnamen wirkte das gleiche Prinzip?

Gossensaß   ☐
Rastatt   ☐
Heroldstatt   ☐

55. Der Stachus in München, ein berühmter
Münchner Platz, ein seltsamer Name.
Wo könnte er herkommen? Stachus ist die
Kurzform des Heiligen Eustachius. So hießen einige
Jungen. Wieso aber als Name für den Platz?

Da geschah ein Wunder   ☐
Es gab eine Stachus-Statue   ☐
Biergarten eines Stachus   ☐

56. Der Volksmund geht oft verrückte Wege.
Bei den Namen kann er sich besonders austoben.
Aus Milan macht er den Mühlhahn und den
Mühlhans. Was könnte er aus dem tschechischen
Namen «Kosmaly» gemacht haben?

Käsmehl   ☐
Kushei   ☐
Kußmaul   ☐

57. Die Herren Schlegel, Schleger, Schlägl,
Schlächer waren keine Schläger im heutigen Sinn.
Aber sie hatten wohl was mit schlagen zu tun.
Was wäre da eher nicht in Frage gekommen?
Holzbauer   ☐
Glockenläuter   ☐
Münzschmied   ☐

58. Nach einem deutschen Ort soll eine komfor-
table Kutsche benannt sein, weil sie da hergestellt
wurde. Es gibt sie jetzt noch im Museum.
Ein edler Vierspänner schon bei Goethe.
Welches könnte der Ort gewesen sein?
Landau   ☐
Potsdam   ☐
Jagdhausen   ☐

59. Fußballmannschaften haben öfter irgendwel-
che Ortsbezeichnungen im Namen.
Welcher Verein schmückt sich mit «Preußen»?
Alemannia Aachen   ☐
Bayern München   ☐
Borussia Dortmund   ☐

60. Hättest du Angst vor dem Herrn Pfotenhauer?
War er ein Lehrer der alten Art? Oder was? Er hat
nicht einfach gehauen, sondern etwas behauen.
Pfoten ist entstellt aus Pfetten.
Was aber sind Pfetten?
Balken zur Dachkonstruktion   ☐
Sandsteine für Gräber   ☐
Holz für Statuen   ☐

61. Im Mittelalter gab es viele Berufe, die es jetzt
nicht mehr gibt. Manche hatten mit Gefangenen
zu tun, etwa der Strecker. Noch heute gibt es die
Namen «Fessel» und «Fessl».
Aus der gleichen Sparte? Womit hatten sie zu tun?
Mit Fesseln   ☐
Mit kleinen Fässern   ☐
Mit Fäden   ☐

62. In Frohsdorf könnten alle Leute glücklich sein.
Nicht aber, wenn sie wüssten, wo der Name
herkommt. Ursprünglich hieß es Krottendorf.
Ein fürchterliches Gequake! Nun kannst du dir
zusammenreimen, woher der Name kam.
Kröten   ☐
Frühe   ☐
Forsch   ☐

63. In Gottschalk erkennst du die Bausteine sehr gut.
Das Wort «Schalk» bedeutete aber früher etwas ziemlich Anderes als heute.
Was könnte der Name ursprünglich bedeutet haben?
Narr Gottes ☐
Gottes Knecht ☐
Messdiener ☐

64. In Mailand gibt es zwei bekannte Fußballvereine: Milan und Inter.
Wieso heißt der eine Milan?
Ein Vorname ☐
Der Vogel Milan ☐
Übliche Kurzform von Milano ☐

65. In Redensarten und metaphorischen Benennungen kommen auch Vornamen vor.
Mit welchem dieser drei könnte auch Durchfall gemeint sein?
Flotter Otto ☐
Schwarzer Peter ☐
Dummer August ☐

66. Künstlernamen kann man selbst bilden und sich zulegen. Eine Möglichkeit sind Palindrome. Beim Palindrom geht es von hinten nach vorn.
Was ist kein Palindrom aus diesen Familiennamen: Kurt Marec, Erich Kramer, Horst Sokol?

Lokus   ☐
Ceram   ☐
Remark   ☐

67. Künstlernamen kann man sich selbst bilden und zulegen. Eine Möglichkeit sind Anagramme. Beim Anagramm werden die Buchstaben verwürfelt.
Carl Neu, L. Strube, E. Trier.
Was ist kein volles Anagramm hiervon?

Clauren   ☐
S. Trubel   ☐
R. Reiter   ☐

68. Mancherlei Speisen wurden von jemandem erfunden oder wenigstens kreiert.
Dann trugen sie auch den Namen im Namen.
Worin steckt kein Personenname?

Penne a l'Arrabiata   ☐
Tournedos Rossini   ☐
Filet Wellington   ☐

69. Marsberg in Deutschland.
Sagt die Sage, da seien Marsianer gelandet?
Oder sollten die Römer hier ihren Kriegsgott ver-
ehrt haben? Frühe Form des Ortsnamens sei
Arnsberg und später Arsberg.
Wie ginge es da nicht weiter?
Zum Arsberg > Zu Marsberg   ☐
Am Arsberg > A Marsberg   ☐
Beim Arsberg > Bei Marsberg   ☐

70. Namenraten:
Ein richtig feiner Herr, immer wohlgekleidet, passt
nicht so recht in unser Dorf, der Herr . . .
Seidenschwanz   ☐
Bohrer   ☐
Bledel   ☐

71. Namenraten:
Er muss ein richtiger Streithammel gewesen sein.
Oder wurde er nur als solcher wahrgenommen
oder verunglimpft? Welcher Name passt für ihn?
Zenker   ☐
Falter   ☐
Führer   ☐

72. Namenraten:
Er war von Beruf Graveur, ritzte schöne Ornamente
in die Helme der Rüstungen.
Welcher Name passt dazu?
Haubenreißer   ☐
Helmschmied   ☐
Häuptling   ☐

73. Namenraten:
Schnappen heißt in Dialekten hinken.
Aber viel schnappen tun auch Schwätzer.
Was beides sicherlich zutraf für Frau . . .
Schwetzer   ☐
Schwarz   ☐
Schnapp   ☐

74. Pfirsich Melba, Bismarckhering, Sachertorte:
Eine dieser drei Speisen trägt einen berühmten
Namen.
Er steht nicht nur für Konditorei, sondern auch für
ein berühmtes Hotel in Wien.
Wer war das?
Bismarck   ☐
Melba   ☐
Sacher   ☐

75. Speisen mit Namen berühmter Leute
schmecken offenbar besser.
Welche dieser drei Speisen wurde von einem
Komponisten komponiert?
Kalbsbraten Orloff   ☐
Tournedos Rossini   ☐
Filet Wellington   ☐

76. Verschwenden, vergeuden und dazu noch
prahlen war nie gut angesehen, wurde in
Gesellschaften kritisiert, auch in Namen.
Welcher würde für das Gegenteil passen?
Geiter   ☐
Geber   ☐
Gastl   ☐

77. Was wir in Deutschland so alles haben.
Wusstest du, dass Brasilien in Deutschland liegt?
Wie kommt das?
Es ist nur ein Strandabschnitt, hat aber ein eigenes
Ortsschild.
Was soll das?
Brasilianer sind hingekommen   ☐
Ein bloßer Gag   ☐
Ortsschild geklaut   ☐

78. Zur Abwechslung haben lustige Namengeber
schon mal mit Assoziationen gearbeitet.
Für wen würde der Name «Leim» passen?
Für einen Schneider   ☐
Für einen Tischler   ☐
Für einen Bäcker   ☐

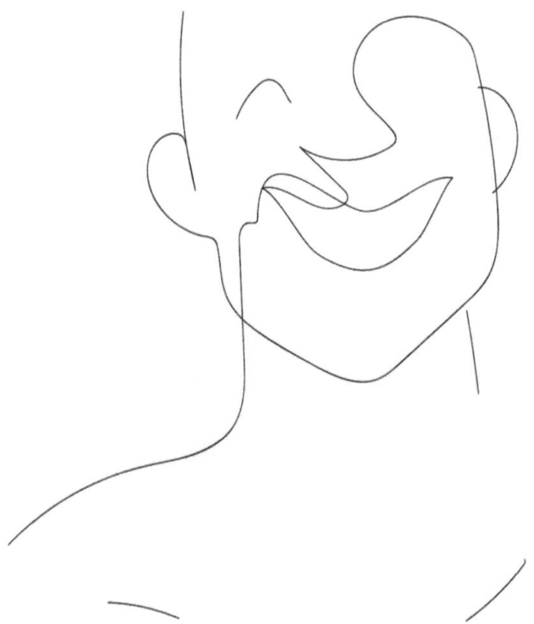

Lösungen

1. Was sagen Namen?

1. Handwerker, der Holztröge behaute
2. Joschka
3. Kaiser
4. Breitschädel
5. Margarete
6. Gutermuth
7. Engländer
8. Seppler
9. Macher = Katzlmacher
10. Gedroschen
11. Waagen
12. Gäb einen Rattenschwanz
13. Dreßler
14. Hartmann
15. Sattler
16. Weinstein
17. Hufnagel
18. Mut
19. Adelheid > Heide > Heidi
20. Waren nicht langsam
21. Neunheuser
22. Knoblauch
23. Perry
24. Zlatko
25. Torten
26. Ofenloch
27. Janne
28. Kosaken

29. Wohlklang
30. fünf
31. Ist eine Nebenform
32. Lochner
33. Istvan Janochs
34. Nicht überall
35. Toblerone
36. Schultz
37. Watto
38. Lothar
39. Heike
40. Würmli
41. Pummelfee
42. Herkunft verschleiern
43. Gottlieb
44. Urlaubsstimmung
45. Buffalo Rock
46. Rasender Roland
47. Lieb dich, obwohl du stinkst
48. Lea Mann
49. Früher war viel zu erleben
50. Der scheint nur so
51. Arsloch
52. Den Namen deutlich
53. mit S
54. ST < SCH
55. mit S als enden mit S

2. Was alles Namen hat und woher

1. Verwaltungsgebiete
2. Die Oktoberrevolution
3. Möglichst Namenanfänge
4. Heidenheim an der Brenz
5. Altenheim
6. Gott möge dich lieben
7. China
8. Doktor
9. Reinmuth
10. Bettsy
11. Großkurt
12. Drau
13. Lüttow
14. Frauen sowieso modischer
15. Spielvereinigung
16. Mit ai oder ei oder ay?
17. Vornamen oft abgeleitet
18. Hannelore
19. Therese
20. SAW
21. Viele Neugründungen
22. Duna
23. München
24. Duna
25. der Name einer Firma
26. Volksstamm der Angeln
27. Bockenem
28. Höllental
29. Sörensen
30. Joachim

31. Schuler
32. Wimmer
33. Mit Hütte
34. Loidl, Vreni
35. Hinz und Kunz
36. Düsseldorf
37. An der Gera
38. Kleinlangenfeld
39. Katharina
40. Salzach
41. Alt
42. Kreis
43. Levenstein
44. Gossen
45. Giovanni
46. Wisent
47. Das Flüsschen Eitra
48. Pflüger
49. Isère
50. einen Auerochsen erlegt
51. die Mosel im Rhein mündet
52. Remagen
53. Die Form des Gebiets
54. Colonia
55. Im Flieger
56. PamEla
57. Garmisch-Partenkirchen
58. Skandinavien
59. Kudamm
60. feilen
61. Der Ivan
62. Zusammenfluss
63. Travemünde

64. Chemnitz
65. Mingga
66. Frankfurt
67. aful = Apfel?
68. Namenzauber
69. wie eine Göttin verehrt
70. USA
71. Skandinavien
72. Russland
73. Italien
74. Frankreich

3. Beim richtigen Namen

1. Metzger ist
2. Sascha
3. 10 Buchstaben
4. Siegmund
5. Ortwein
6. Enden auf -a
7. Schwarze Zora
8. der Stelzer
9. Stark mit dem Speer
10. Rosa = Rosine
11. Lena
12. Mechthild
13. Um Holz
14. Fritz Pfahls
15. Hagelloch
16. Heer
17. Über 3000
18. Verkleinerung
19. Trizi

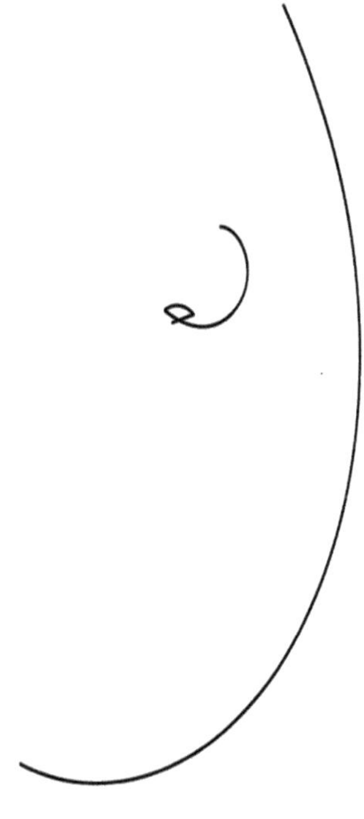

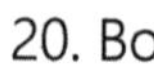

20. Bo
21. einem römischen Kaiser
22. Schweiz
23. Darmunt
24. Metzger
25. Michaut
26. Frau Pelzer
27. Im Elsass
28. Horst Wessel
29. Selbst gewählt
30. Jutta
31. am Wald
32. Gründungsjahr
34. Lütkemeier
34. Ludwigs von Bayern
35. Produkt für Mensch
36. Rosa
37. Titti
38. Energie Cottbus
39. In den Norden
40. Im 20. Jahrhundert
41. In den Süden
42. Schleizer
43. Bamberg
44. Vollkommer
45. Raban
46. Matthias Sammer
47. Professor Grübler
48. Männl
49. Monaco
50. Milano
51. Hackbart
52. Verächtlich

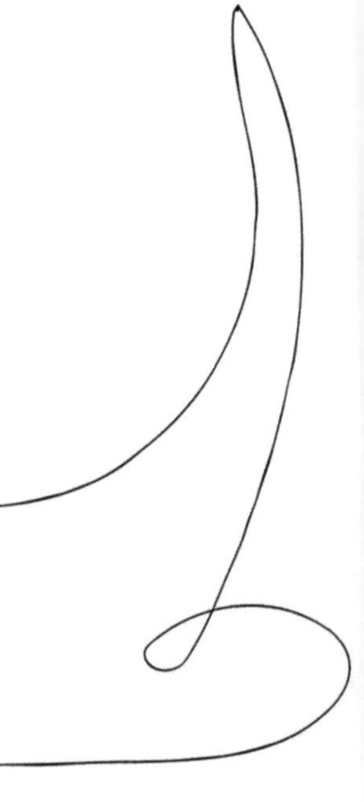

4. Was drinsteckt

1. Seinert
2. Bernhard
3. Koch
4. In Süddeutschland
5. Jirka
6. Siegfried
7. Schwarz
8. Füllsack
9. Kate
10. Kleinhans
11. Öchsle
12. Schmelzer
13. Kasperle
14. Sie waren korpulent
15. Sohn des Südens
16. Berolina
17. Kim
18. Zuwanderung
19. Fritzlar
20. Wilhelmine
21. Hambach
22. Piepmatz
23. Reime
24. Lampertz
25. Jürgen
26. Ungarn
27. Berchta
28. Starkenburg
29. Michelsneukirchen
30. In Brasilien

31. Karnickel
32. Aqua
33. Benzin
34. Andernach
35. Eine Wolldecke
36. In der DDR
37. Eichenfelde
38. Anreicherung
39. Verkleinerung
40. Bonifazius
41. Allgäu
42. Wabern
43. Wollustine
44. Leopold
45. Petersilie
46. Italien
47. LKW-Fahrer
48. Krawall + Randale
49. Kassel
50. Rosslieb
51. Stoffel
52. Für Hasel(nuss)
53. Für eine Kanone
54. Trunkenbold
55. Eleonore
56. Hall = Salz
57. Nike Wagner
58. Zuckerberg
59. einfach nur: alt
60. Ein Wellensittich
61. Bissl doof
62. Scheiße!
63. Sie ist ein Betthupferl

64. Für ein Kloster
65. Ein Trinker
66. Giftig
67. Rosa
68. eitel
69. Angeber
70. Um einen Hund
71. Ein Suffix
72. Frohwein
73. Barselone
74. Forchheim
75. Pistor
76. Deutscher Michel

5. Schall und Rauch?

1. Thalerland
2. Geburtsort oder Wohnort
3. Hermelin
4. Diät + sauber
5. Pseudonym
6. Namen ändern lassen
7. Mercedes
8. Eine okkulte Heilmethode
9. Eine Gesellschaftslehre
10. Doofi
11. Adolf
12. Esther
13. Körper
14. vulkanisieren
15. Peter Tschaikowskij
16. Frank
17. Isa

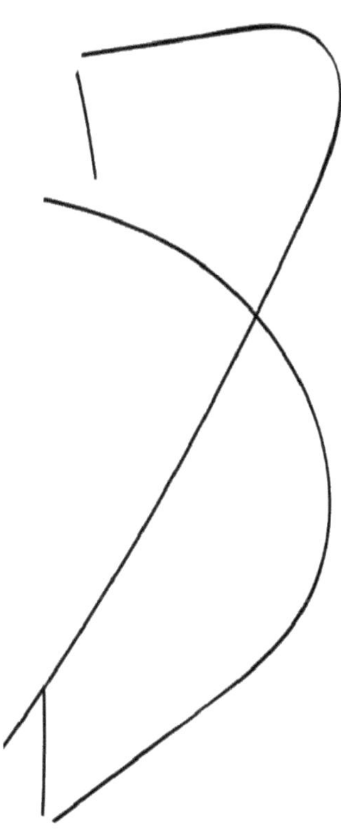

18. Ewiger Besitz
19. Code in Geheimtabelle
20. Israel
21. Korea
22. Friedericke
23. 12
24. Bert Drago
25. Altona
26. Tusnelda
27. Flurnamen
28. Sauerbruch
29. Ciccone
30. Saldo
31. Griechisch
32. Grieche
33. rabiat
34. Bergsteiger
35. Kastos Katastropholos
36. Zahnärztin
37. Boris Becker
38. Steffi Graf
39. Italiener
40. Rolf Follerer
41. Pianistin
42. Bekanntheit vorgeben
43. Gramm
44. Albert Einstein
45. Hans Fallada
46. Schutz gegen böse Geister
47. Der Leberecht
48. Namenzauber
49. HEPLABAC
50. Grombein

51. Das Beschützende
52. Luder = Aas
53. Schieler
54. Heroldstatt
55. Biergarten eines Stachus
56. Kußmaul
57. Münzschmied
58. Landau
59. Borussia Dortmund
60. Balken zur Dachkonstruktion
61. Mit kleinen Fässern
62. Kröten
63. Gottes Knecht
64. Kurzform von Milano
65. Flotter Otto
66. Lokus
67. S. Trubel
68. Penne a l'Arrabiata
69. Am Arsberg > A Marsberg
70. Seidenschwanz
71. Zenker
72. Haubenreißer
73. Schnapp
74. Sacher
75. Tournedos Rossini
76. Geiter
77. Ein bloßer Gag
78. Für einen Tischler

Tipps

Der Name ist Schall und Rauch, hieß es bei Goethe. Das ward bei einer bestimmten Gelegenheit, in einem bestimmten Kontext gesagt. Goethe wusste – wie wir alle –, dass es so einfach nicht ist. Und darum ist es auch interessant und vielleicht wichtig, zu wissen, was in Namen so drinsteckt, vielleicht auch, wie sie entstanden und warum vergeben werden. Denn Namen sind nicht einfach Wörter, sondern eng mit Personen etwa verbunden, so dass sie eindeutig zu ihr gehören und ein bisschen ein Teil von ihr werden.
Nun aber zu diesem Buch. Was machen Sie damit? Wozu ist es gut? Im Normalfall oder auch als erstes versucht man sich allein. Man schaut, was man alles locker löst. Da gälte es auch schon mal aufzupassen. Die Fragen tragen oft Infos in sich, die wohl behaltenswert wären. Und dann sind sie öfter auch etwas knifflig formuliert. So müssen Sie aufpassen, ob etwa ein *nicht* drinsteht.
Da gilt es schon mal etwas zu überlegen.

Ja, und bei den Lösungen?
Es ist nicht einfach falsch, was im Quiz hier als
falsch gewertet wird. Auch aus dem vordergründig
Falschen kann man lernen. Es kann an anderer
Stelle und unter anderer Fragestellung auch richtig
sein. Darum sind die Lösungen – die Sie ja immer
bekommen – auch nicht einseitig.

Sie müssen übrigens nicht allein spielen. Ich meine
nicht, dass ihr zu zweit in ein Buch schauen müsst.
Ihr könnt nacheinander spielen und euch austau-
schen. Oder schon während eine spielt, kann der
andere mitreden.
Und man kann natürlich immer reden, über die
Aufgaben, die Wörter, die Lösungen und über das
ganze Quiz.

Darf ich mir erlauben, noch etwas Linguistisches zu
Namen hier zu schreiben?

Namen sind natürlich Wörter. Aber Wörter beson-
derer Art, die als nomen proprium (Eigenname)
unterschieden werden von den allgemeinen Wörtern (nomen appellativum).
Meistens sind Namen erst mal ein Wort. Sie können aber auch aus mehreren Wörtern bestehen.
Ein Name ist in der Regel ein Nomen wie „Heiner"
oder „Heiner Müller" – ein Name, der aus zwei
Namen besteht. Und so kann man bekanntlich
ganze Reihen bilden.
Es gibt aber auch komplexe Namen wie „Friedrich
der Große" oder „der Dreißigjährige Krieg". Auch
komplexe Namen enthalten ein Nomen. Dies ist
begründet durch die spezifische Eigenschaft von
Namen: Sie dienen dazu, auf etwas zu referieren.
Das heißt sich auf etwas beziehen, um davon
etwas auszusagen, etwas darüber zu sagen.
Das Etwas nun kann von verschiedener Art sein.
Es mag eine Person, ein Tier, ein Fels, ein Stern
sein. In diesen Fällen also ein bestimmter Gegenstand. Es kann aber auch eine sogenannte Masse
sein wie der Ammersee oder der Atlantik.

Solche Massen haben insbesondere keine festen
Grenzen und werden durch die Namen als eine Art
Gegenstand gefasst.

Das Etwas kann aber auch fiktiv oder für manche
fiktiv sein. Etwa Jehova oder Hagen von Tronje
oder Rumpelstilzchen, die durch bestimmte Texte
zum Leben erweckt werden.

Namen kann man erklären durch einen längeren
Ausdruck, der in der Linguistik auch als Kennzeichnung bezeichnet wird. Eine Kennzeichnung ist eine
Art Beschreibung des jeweiligen Etwas.
Sie kann wechseln und mehr oder weniger genau
oder zutreffend sein.
Im Gegensatz hierzu sind Namen fest gebunden
an das jeweilige Etwas, sie werden in Akten vergeben und die Bindung festgelegt. Und sie dienen
dazu, genau dieses Etwas zu benennen. Es besteht
eine feste eins-zu-eins-Beziehung. Diese Bezie-
hung wird kommunikativ hergestellt (in der Namengebung), kommunikativ etabliert und fortge-
führt.

Das Etwas mag zwar bestimmte Eigenschaften haben, sie werden aber nicht für die Benennung genutzt. Das heißt natürlich nicht, dass etwa bei und vor der Entstehung eines Namens dieser nicht auch eine Bedeutung gehabt haben kann und in der Regel hatte. Denn in der Regel werden Namen geschaffen und vergeben nach Eigenschaften des zu Benennenden. Aber diese Bedeutung ist in der Regel irrelevant und sie verblasst, eben weil sie für die Bezugnahme nicht gebraucht wird.
Genau diese Eigenschaft kann es auch interessant machen, den Ursinn zu eruieren, obwohl das mehr ein Spiel ist – so wie für uns hier.